这样好读的历史

三国争霸
上

成长/著

人民文学出版社　天天出版社

图书在版编目（CIP）数据

三国争霸：全2册 / 成长著. —— 北京：天天出版社，2021.5
（这样好读的历史）

ISBN 978-7-5016-1676-3

Ⅰ.①三… Ⅱ.①成… Ⅲ.①中国历史 – 三国时代 – 少儿读物 Ⅳ.①K236.09

中国版本图书馆CIP数据核字(2020)第256452号

责任编辑：王　苗　　　　　　　　美术编辑：林　蓓
责任印制：康远超　张　璞

出版发行：天天出版社有限责任公司
地址：北京市东城区东中街42号　　　　邮编：100027
市场部：010-64169902　　　传真：010-64169902
网址：http://www.tiantianpublishing.com
邮箱：tiantiancbs@163.com

印刷：保定市中画美凯印刷有限公司　　经销：全国新华书店等
开本：880×1230　1/32　　　　　　　印张：13.5
版次：2021年5月北京第1版　　印次：2023年1月第2次印刷
字数：224千字　　　　　　　　　　印数：10,001-13,000册

书号：978-7-5016-1676-3　　　　　定价：68.00元(全两册)

写出好读好看的历史书

辛德勇

序

天天出版社写给孩子们的历史书付印在即，嘱咐我写几句话，给读这套书的小朋友们。

这套"这样好读的历史"，作者和出版者想要提供给小读者的，是一套好读的书，是想向小读者们展现一幅幅好看的历史画面，一位位有意思的历史人物，以及一个个有趣的启发问题。

把历史书写得好读好看，是一件不大容易的事。这套"这样好读的历史"，作者和天天出版社都花费了很大心力。这些心力，最关键的，就花费在这套书的创作主旨和写作方式上了。

那么，他们花这么大心力干什么呢？目的很简单，就是让历史书变得好读，就是想把好读的历史书摆在小读者的面前。

好读并不只是说读起来简单，读起来容易，更重要的，是要读着有意思，舍不得停下来，也就是像那个成语讲得那样——欲罢不能。若换更浅显易懂的大白话来表述，那就是"好看"，这套书的内容编排和表述形式都会让小朋友们喜欢。

各位小读者读历史书，当然大多数人主要接触的是学校的历史课本。可在我看来，历史课本里具体的历史人物和历史事件太少，抽象的历史观念和历史认识又太多。一幅干巴巴的面孔，很不讨人喜欢，甚至会让小朋友们望而生畏，读而生厌。

可看看身边的情况就能够明白，我们很多小朋友是很喜欢看历史题材的影视作品的，也很喜欢玩历史题材的电子游戏，这说明大家不仅不讨厌历史，还很喜欢历史，只是喜欢那些更加具体的人物活动、历史事件而已。而这些内容在现行历史课本里恰恰是很少看到的。

不管做什么事，不管是谁，缺什么，就得补什么，这是通行古今、遍及寰宇的道理。这套"这样好读的历史"，就是给小朋友们增补历史知识的：书中写了一个个活生生的、有血有肉有性情的历史人物，一件件充满戏剧性情节的历史事件，能把小读者带入历史场景中，切实地去感受和体会。

这样的历史人物和历史事件，在某些历史学专家，或者更准确地说是在大多数历史学专家的眼中，往往会觉得太表层，不够深入，不能很好地体现出历史发展的内在机制，所以不愿意多加关注；至少觉得青少年在学习历史时不应过多关注这些具体的人和事，更应该去追寻那些历史发展的内在规律。现行的中学乃至大学历史教科书，编著者瞩目的焦点就是如此。

这是一种很"正规"的想法和做法，既然"正规"，自然就一定会有它合理的一面。然而，这并不一定完全符合人们认识历史的路径。学习历史，认识历史，和学习所有其他所有知识、事物一样，一般都应该是由具体到抽象，由个别到一般；再说，我们学习历史、认识历史的目的，不一定是非得去追寻那些一般性的宏大规律不可，也不一定非要去弄明白那些深层的社会机理不可。满足好奇的欲望，丰富自身的知识，同样也是一种极其正常而且相当普遍的需求。对年幼的小朋友们来说，尤其如此。

其实那些看起来俨乎其然的"正规"大道理，至少是不能体现人类历史的完整面貌的；甚至可以说，这些"正规"大道理涉及的只是人类丰富历史活动中一个非常有限的侧面。

从中国古代史书的体裁及其演变过程来看，像《史记》《汉书》这样的"纪传体"史书，出现的时间相对来说是比较晚的。在这之前，世上通行的乃是像《春秋》和《左传》这样的"编年体"史书。这种"编年体"史书的基本特点，是严格按照史事发生的前后顺序来做客观的记述，一件事是一件事。好处是，每一件事发生的时间都很精准，可坏处也很明显，就是干巴巴的。读着，内容不连贯；瞅着，书中描摹的景象也不好看。

至西汉中期，司马迁撰著《史记》，开创了"纪传体"这一全新的史书体裁。所谓"纪传体"，就是其构成部件，既有本纪，又有列传。本纪，实质上是对编年体史书的继承，而列传则主要是人物的传记。司马迁在列传中选取的是各个时代、各个方面最有代表性的人物，可以说三教九流，一应俱全。

太史公司马迁是想通过这些代表性人物来体现一个时代的整体风貌，全面、具体而又鲜活。就这样，历史著述的形式开始变得好读了，内容也好看了。可大家千万不要以为司马迁这么做只是为了愉悦读者，这是基于他对个人命运的深切关怀。所谓历史，就是人类过去的经历，不过"人类"只是一个笼统的概念，事实上人类历史是由千千万万具体的个人缔造的。司马迁选取各个方面的代表性人物，记下他们每一个人独特的经历，实际上是深刻而又全面地为后世留下了历史的真实面貌。正因为如此，这种纪传体史书成为中国古代史学著述的骨干，历代所谓"正史"，也就是世所周知的《二十四史》，就都是这种体裁。

现在，了解到上述历史因缘，大家也就很容易理解，天天出版社呈现给小朋友们的这套"这样好读的历史"，向小朋友们讲述各个历史时期的代表性人物，讲述这些人物所参与、所经历的重要事件，沿承的正是司马迁开创的这种优良的史学传统，必定会激发小读者们对历史的兴趣，让各位小读者愿意学历史，喜欢学历史，从而也一定会大大帮助他们更好地认识历史，具体地体会学校历史课本的内容。

　　这真是一套既好读又好看的历史书，相信小朋友们一定会喜欢。

2021 年 3 月 13 日记

目录

东汉的崩溃

三国是中国历史上的一个大分裂时代，这种分裂是如何产生的？一个中央集权的帝国为何会走向衰微与崩溃？想要了解三国历史，我们恐怕得往前回溯一番，先从东汉末年的局势讲起。

第一节 东汉的衰微

外戚宦官专权

三国是中国历史上的一个大分裂时代，这种分裂是如何产生的？一个中央集权的帝国为何会走向衰微与崩溃？想要了解三国历史，我们恐怕得往前回溯一番，先从东汉末年的局势讲起。

汉朝分为西汉和东汉，西汉由汉高祖刘邦创建，国都在长安（今陕西西安）；东汉由汉光武帝刘秀创建，国都在洛阳（今河南洛阳）。虽然都是"老刘家"建立的"汉朝"，这两个"汉"还是有一个显著的差异，那就是：刘邦打天下依靠的是一批出身底层的人士，比如萧何、曹参、韩信、樊哙（kuài），他们要么是小吏，要么是平民，历史上称之为"布衣将相"。这样建立起来的国家，皇帝的权力相对比较大；而刘秀打天下依靠的是一批豪强地主，如邓禹、窦融等，这样建立起来的国家，必然要维护这些豪强地主的利益，这些豪强地主在政治上控制选举、世代为官，在经济上广占良田、盘剥侵夺，社会矛盾很快就尖锐起来，皇帝的权力也逐渐被架空了。

更严重的是，东汉从第四个皇帝开始，就陷入了一个怪圈，那就是基本全是"娃娃皇帝"——皇帝即位的年龄都很小，而且寿命都不长。比如汉殇帝出生才满百天就当了皇帝，一岁就夭折了；汉冲帝不到两岁即位，半年就病死；汉质帝八岁登基，一年多被毒死。"娃娃皇帝"连事都不懂，当然更不可能治国了，所以东汉一朝，皇帝的权力就被两大集团所把持着——外戚和宦官。

外戚，就是皇帝母亲、妻子家的男性亲属，比如舅舅、妻兄。皇帝年龄太小，一般就由母亲（太后）临朝，太后就找她的娘家人当靠山，这些"国舅爷"常常占据要职，手握重兵，独断专行，就形成了外戚专权的局面。有的皇帝死后没儿子，太后、外戚就从皇族里找一个孩子当皇帝，以便他们继续控制政权。然而，小皇帝一旦长大，想要摆脱外戚的控制，可以依靠和信赖的只有身边朝夕相处的宦官（唐朝之后多称为太监）。而当宦官推翻了外戚，他们又朋比为奸，陷害忠良，大肆搜刮民脂民膏。这样循环往复，就成为东汉王朝政治上最大的顽疾——外戚宦官交替专权。

外戚宦官交替专权，带来的直接影响就是朝政的腐败和统治的黑暗。皇帝在外戚和宦官的把持下形同傀儡（kuǐ lěi，即木偶人），任人摆布，甚至被随意废除、毒杀。而无论是外戚还是宦官掌权，都在疯狂地聚敛财产，侵占土地，鱼肉百姓，搅得天下不得安宁。

到了东汉晚期的桓帝、灵帝时期，外戚宦官专权达到了顶点。

汉桓帝时，把持朝政的外戚梁冀被称为"跋扈（bá hù）将军"，跋扈的意思就是为人蛮横霸道、独断专行。他为了自己享乐，将洛阳近郊的民田霸占下来，作为自己的私家花园，花园内一片奢华。他爱养兔子，营造了一片很大的兔苑，并且在每个兔子身上烙上记号，谁要是伤害梁家兔苑里的兔子，就犯了死罪。有个从西域到洛阳来的商人不知道这个禁令，打死了一只兔子。因为这件案子，竟株连了十多个人。

后来汉桓帝依靠宦官的力量扳倒了梁冀，为了封赏有功者，他一次性地将单超、具瑗（yuàn）、唐衡、左悺（guàn）、徐璜（huáng）五个宦官封为侯，时称"五侯"。这几个宦官掌权后，培养了大量的亲信爪牙，遍布各地，抢占民田，欺压百姓，干的坏事较梁冀有过之无不及。当时百姓非常痛恨他们，于是就给他们起了很多"外号"，比如左悺叫作"左回天"，形容他权势很大、具有回天之术；徐璜叫作"徐卧虎"，形容他比老虎还要凶猛。

到了汉灵帝时候，又有张让、赵忠等十几个宦官当权，因为他们都担任中常侍一职，所以统称他们为"十常侍"。"十常侍"掌权后，放纵他们的父兄子弟横行乡里，祸害百姓，无官敢管。

而汉灵帝又是中国历史上出名的昏君，他有一个嗜好，就是疯狂聚敛钱财，为此做出了许多荒唐的事情。比如他将朝廷的官职按照级别标好价钱，公开售卖给大臣。廷尉崔烈通过汉灵帝的奶妈走了后门，打了半价，花五百万钱买到了"三公"之一的司徒一职。后来汉灵帝在一次宴会上看到了崔烈，就对身边的宠臣说："我真后悔没有再坚持一下，应该一千万卖给他。"崔烈回到家中，就问儿子："外面的人都怎么议论我的？"他儿子说："以前您的名望很高，大家都觉得您可以当司徒，现在您当了司徒，大家都说您一身的铜臭味。"

崔烈是个很有名望的大臣，尚且要为了虚荣花钱买官，那些贪官污吏就更不用说了，他们花钱买来官职，就是为了从老百姓身上压榨盘剥。朝政上下可谓一片黑暗。

党锢之祸

然而，在每个黑暗的时代，都会有不惧强权、挺身而出的脊梁。以李膺（yīng）、杜密、陈蕃为代表的一些正直官员对宦官的胡作非为拍案而起，不断向皇帝写奏表，主张改革弊政，罢斥宦官。他们批评朝政，对掌权的宦官和附和宦官的人深恶痛绝。

这个李膺就是个狠角色，他当时担任司隶校尉，职责就是对官僚贵族的违法行为进行监察。李膺一上任，就下令捉拿贪赃枉法的野王县令张朔。张朔背景可不一般，他是汉灵帝身边的大宦官张让的弟弟。张朔听到风声，吓得躲进他哥哥家里。李膺亲自带领公差到张让家搜查，在张家的夹墙里搜出张朔，把他抓走。张让赶快托人去求情，而李膺已经把案子审理清楚，将张朔杀了。自此，李膺声名大振，很多官员和太学生都争相去拜见他，要是受到他的接见，就被看作是很光彩的事，称作"登龙门"。

但是李膺和这些清流官员的行为，触怒了宦官集团。公元166年、公元169年，宦官集团发起了两次对清流官员的迫害行动，因为宦官们污蔑这些清流官员结党营私，是党人，而且将他们禁锢起来，让他们不得为官，所以历史上称为两次"党锢之祸"。像李膺这样有名望的清流官员，被宦官们视为眼中钉、肉中刺，必欲除之而后快。当时有人提前得到宦官要抓人的消息，忙去通知李膺，劝他逃跑。李膺坦然地说："我一逃，反而害了别人。再说，我已经六十岁了，死活由他去，还逃什么！"还有一名名士范滂也在通缉之列，范滂没有逃跑，主动投官，被抓了起来。他的老母亲去看他，对他说："你能和李膺、杜密这样的大人物一样留下好名声，我已经非常自豪了！"范滂和李膺、杜密等百余人都被抓捕，并且惨遭杀害。

经过两次"党锢之祸"，朝廷里正直的官员都受到排斥，大小官职差不多都由宦官和他们的门徒包下了。东汉末年朝政的昏暗，让汉王朝大失民心，民众虽然敢怒不敢言，但是通过在市井中流传童谣这样特别的方式表达了他们的声音。有一句童谣是这样的："直如弦，死道边；曲如钩，反封侯。"意思就是，正直像弓弦的人，遭到迫害死在了路边；而那些背梁骨弯曲得像钩子一样的小人，反而被封了侯，享受荣华富贵。

历史的规律总是如此，每当黑暗与压迫降临之时，反抗也就随之而来。就在东汉王朝的统治者一味奢靡享乐之时，一场大起义已经在酝酿之中了。

别急，你所熟悉的几位三国人物，下一节就会出现。

思　考

（一）东汉王朝最主要的政治顽疾是什么？它对国家造成了怎样的危害？

（二）东汉童谣"直如弦，死道边；曲如钩，反封侯"说的是哪两类人？

第二节　黄巾起义

苍天乃死

二十世纪七十年代，考古学者对位于安徽省亳州市郊区的十多座汉墓进行抢救性发掘，出土了大量珍贵文物。通过考证得知，这一批汉墓大多属于三国名人曹操的宗族墓群，墓主人包括曹操的祖父曹腾、父亲曹嵩等。令人惊喜的是，在其中的一座墓中发现了一块刻有字的砖块，砖上共有二十六个字，有的已经看不清，但可以清晰地读出四个字"仓天乃死"。

这块"仓天乃死"砖的出土，让我们对黄巾起义的认识又多了一层。因为黄巾起义的口号，正是"苍天已死，黄天当立"。这块砖上的字应当是当时修建墓穴的工人所刻，我们可以大胆猜测，这位出身底层的工人当时已经受到了太平道的影响，可见黄巾起义的酝酿期应该在十五年以上。

农民起义在中国历史上可谓屡见不鲜，在此之前，秦末的陈胜吴广起义和新莽时期的绿林赤眉起义都曾经推动了一个王朝的崩溃，但像黄巾起义这样经过如此长时间酝酿和策划的还是第一次。它能够推翻东汉王朝的统治吗？

上一节我们说过，东汉末年外戚宦官专政、清流官员遭到迫害，政治黑暗，人民苦不堪言。但更糟糕的是，自然环境也变得极端恶劣起来。据学者统计，从东汉开始一直到南北朝，中国进入一个长达数百年的寒冷干旱期，农作物减产，各种灾害频发。据史书记载，东汉一朝，水灾、旱灾、蝗灾、地震、瘟疫等灾难的记载明显高于西汉，尤其在东汉晚期更为凸显。天灾与人祸并至，加剧了老百姓的苦难，造成了社会的持续动荡。

两汉时期人们迷信一种叫作"天人感应"的说法，即自然界的天象与人们的社会生活有着密切的联系，而灾难频繁降临则意味着"天谴"，是对帝王失政的惩罚。于是每遇到灾难，皇上要么降下"罪己诏"，要么就从"三公"中罢免一位来代替自己受罚。当然，这些都无助于灾难的消减。很快，有一个人发现，可以利用当时人们的这种迷信思想来煽动造反，这个人就是太平道的创始人张角。

张角与太平道

张角，钜鹿（今河北宁晋一带）人，据说他早年曾得到一本叫作《太平经》（又名《太平清领道》）的书，这部书既是一本医书，又宣扬了"天人感应"的理论，将天灾和人们的行为联系起来，劝人除恶向善。于是张角就和两个兄弟张宝、张梁在冀州（今河北中南部一带）行医。张角行医的方式通常是手持九节杖先进行一番祷祝仪式，念上一堆古怪的咒语，让病人叩头诚恳悔过，然后端出一碗水，称之为"符水"，让病人喝下。实际上，张角很可能早就掌握了病人的病情，在符水里配好了治疗的汤药，但他假托这种宗教仪式，病人就很容易相信是一种神力救活了他，从而对张角产生了虔诚的信奉。

就这样，张角兄弟在百姓中逐渐树立起威望，信众多达十余万。他们创立的宗教叫作太平道。太平道后来被视为道教的起源之一。

拥有了庞大的信众，张角就开始借助太平道煽动人们造反。他的口号共四句："苍天已死，黄天当立，岁在甲子，天下大吉。"

　　什么是"苍天""黄天"？这背后有一个当时很流行的"五德终始说"。这个说法认为，五行中的金、木、水、火、土分别代表五种德行，它们周而复始，循环往复，而现实社会中的王朝兴衰更替也要遵循这个规律。汉朝属于"火德"，按照五行相生克，"火"生"土"，因此取代汉朝的就是"土德"，而五行又分别对应五种颜色，"土德"是黄色，于是张角所宣扬的"黄天"就是指代他自己，太平道的目标就是取代汉家刘氏的"苍天"。"岁在甲子"的意思是，起义的时间定在甲子年甲子日（公元184年三月初五）。

张角要求所有信众在起义的时候一律用黄色的头巾裹头，因此这场起义就叫作"黄巾起义"。

黄巾起义不仅酝酿时间长，而且拥有严密的组织和策略。张角本人自称"大贤良师"，既是宗教领袖，又是政治领袖，他将遍布全国青、徐、幽、冀、荆、扬、兖、豫八州的数十万信众编为三十六个"方"，每个方相当于一个军事区，大方万余人，小方六七千人，每方设立"渠帅"进行统领，随时准备起兵。与此同时，他还策划了针对汉灵帝的"斩首"行动，他派遣马元义潜入京师洛阳，在宦官内部发展了内应，只等着"甲子"那一天的到来，一举推翻东汉王朝。

然而，这个周密的计划却在重要关头出现了疏漏，一个叫唐周的太平道弟子当了叛徒，向官府告密。官府立即捕杀了马元义等潜入京师的太平道信徒，并下令缉拿张角。张角不得不连夜号令各方，提前起兵。公元184年二月，

张角、张宝、张梁分别自称天公将军、地公将军、人公将军，三十六方同时起兵，一夜之间，全国七个州二十八个郡都有黄巾军揭竿而起，他们攻打城池、斩杀官吏，一时间天下震动，告急的书信像雪片一般飞到京师洛阳。

起义失败

尽管黄巾起义打了东汉朝廷一个措手不及，但是张角低估了汉灵帝的反应。汉灵帝虽然平时昏庸，但看到这么大规模的造反瞬间清醒了过来。他连发三诏：一、以何进为大将军，设置八关都尉以保卫京畿；二、以北中郎将卢植、左中郎将皇甫嵩、右中郎将朱儁（jùn）为将领，分三路讨伐黄巾军，并且从公卿子弟里选拔能征善战者入伍；三、大赦天下党人，解除了对清流官员长达十六年的禁锢，以免他们倒向黄巾军一方。

应该说，东汉朝廷的一系列措施还是比较有效的。当时张角的起义军主要分布在三个区域：张角兄弟率领的主力在冀州，波才率领的黄巾军在颍川（今河南许昌一带）

一线，张曼成率领的黄巾军在南阳（今河南南阳一带）一线。后两个区域处于中原腹地，直接威胁着都城洛阳的安全。因此，皇甫嵩、朱儁集结优势兵力，在当年的五月和六月先后击溃了颍川黄巾和南阳黄巾。张角兄弟亲自指挥的冀州黄巾军势力最强，朝廷先后换了卢植和董卓两任统帅都没有能够战胜。于是朝廷继续调皇甫嵩渡河北上，和张角兄弟在广宗（今河北威县）展开决战。正在这个关键的时候，张角病死了，黄巾军士气顿时涣散，皇甫嵩于是趁势挥军进攻，击败并斩杀了张梁和张宝。到了这一年的十一月，黄巾起义基本就被镇压下去了。

　　黄巾起义从起事到被镇压，只有短短九个月，究其原因，一方面是东汉朝廷虽然已经衰弱，但是还拥有较强的军事力量，以及像皇甫嵩、朱儁这样能征善战的将领；而张角组织起的黄巾军大多数是没有作战经验的平民，缺乏战术战法，虽然人数众多，但面对正规军就不是对手了。另一方面，黄巾军在全国散布很广，处处开花，但是没有形成局部的优势，这就很容易让朝廷的军队各个击破。此外，黄巾军的军纪较差，起义后在各地掠夺烧杀，也很快失去了百姓的支持。

黄巾起义虽然失败了，但它无疑加速了东汉王朝的灭亡。张角兄弟死后，黄巾军依然有大量余部分散在各地，以流动形式继续与官府抗衡；与此同时，各地叛乱与骚动也接踵而起，朝廷已经捉襟见肘，无暇处理了。

影响更为深远的是，在镇压黄巾起义的战事中，有一批英雄逐渐走上历史舞台，这其中就有未来魏、蜀、吴三国的奠基者曹操、刘备、孙坚，而且巧合的是，他们与朝廷负责平叛的三大将军都有关联。

曹操当时在朝廷担任一个较低级的武官——骑都尉，他奉命支援颍川的皇甫嵩部，大破黄巾军将领波才，初露锋芒。刘备是卢植的学生，当时在家乡涿郡跟随校尉邹靖镇压黄巾军立功，得到了人生第一个官职——安喜县尉。孙坚则被同为江东籍的朱儁看中，以佐军司马的身份加入军队，在攻打宛城的战事中率先破城，立下了大功。相信读过历史小说《三国演义》第一章的读者对上述情节都不陌生。

英雄既已登场，三国的大戏终于要正式开始了。

※ 思　考 ※

（一）黄巾起义与此前的陈胜吴广起义、绿林赤眉起义有哪些不同？

（二）黄巾起义的口号"苍天已死，黄天当立"是什么意思？

（三）黄巾起义为何会在短短九个月内就归于失败？

董卓进京

设立州牧

黄巾起义虽然被镇压下去了，但它让东汉统治者意识到了一个问题，就是中央对地方的控制力太弱了。你看，张角在民间传教布道二十多年，吸引了几十万的信徒，筹划了这么大规模的起义，地方的那些官吏都是瞎子吗？如果不是起义军里出了叛徒，提前泄露了计划，没准连皇帝的性命都不保了。

想到这里，汉灵帝就害怕，他对地方的官吏也越来越不信任。但是全国这么多郡县，要是把那些官员全部更换，也不现实。公元 188 年，一名宗室大臣刘焉给汉灵帝提了个建议，他说，天下之所以动荡不宁，就是因为地方的刺史、郡守贪污腐败、剥削百姓，不如从朝廷里挑选一些既清廉又有才干的官员，去各州当州牧，这样天下就能够安定了。

> 说到这里，我们要补充一个汉末三国时期行政区划的知识。
>
> 西汉承袭秦朝的郡县制，将全国划分为若干个郡，郡的长官叫太守；每个郡又下设若干个县，县的长官，大县叫县令，小县叫县长。但是随着国家领土的扩张，郡县的数量越来越多，管理越来越难。于是汉武帝将全国又划分为十三个州，每个州设刺史一名。刺史的职责就是监察本州的那些郡太守，他们如果有贪赃枉法、作奸犯科的事情，刺史可以直接汇报给中央，对地方官吏进行惩治和更替。但是刺史毕竟只是个监察官，没有行政权力，而且级别很低。所以刘焉的提议，归结成一句话，就是将州刺史升级为州牧，赋予更多的权力。

刘焉的意见很快被采纳了，从此之后，地方行政区划就由郡、县两级变为了州、郡、县三级，有点类似于我们现在的省、市、县三级，后来三国也承袭了这种制度。

汉末全国有十三个州，分别是：司隶、冀州、青州、兖（yǎn）州、徐州、扬州、荆州、豫州、益州、凉州、幽州、并（bīng）州、交州。

司隶，大致是今天的河南中西部、陕西中部和山西西南部一带，其长官称为司隶校尉。司隶包含着两汉的都城洛阳、长安，属于京畿之地。

冀州，大致是今天的河北中南部一带，是汉光武帝的起家之地，平原广阔，农耕发达，人才辈出。

青州，大致是今天的山东中北部、河北东南部一带，基本是春秋战国齐国的地盘，文化积淀深厚，盛产海盐。

兖州，大致是今天的河南东部、山东西

部一带，虽然土地较为狭小，但是人口密集，河网密布，经济发达。

徐州，大致是今天的山东西南部、江苏中北部一带，是楚汉相争时期西楚霸王项羽的根据地，历来是兵家必争之地。

扬州，大致是今天的江苏南部、安徽中南部、浙江、上海、江西、福建一带，包括了淮南地区和整个江东地区，基本是春秋战国吴越之地。虽然看上去幅员广阔，但东汉时期长江以南的大部分地区尚未得到有效开发，地广人稀。

荆州，大致是今天的湖北、湖南和河南西南部一带，基本是春秋战国时期楚国的地盘，控制了汉水与长江中游，得地利之便，成为南来北往的必经之地，也是战乱时期兵家必争之地。

豫州，大致是今天的河南东南部、安徽北部一带，是当时人口最为集中、经济最为发达的地区之一，尤其是盛产人才，曹氏家族地望沛国、袁氏家族的地望汝南以及盛产谋士的颍川都在豫州。

益州，大致是今天的四川、重庆、云南、贵州一带，也就是俗称的巴蜀之地，因为与中原有崇山峻岭相隔，交通非常不便，因此每到战乱时，都会成为割据者的乐园。

凉州，大致是今天的甘肃、宁夏一带，因为处于当时全国的大西北，也被称为"西凉"。凉州与羌、氐等少数民族活动区域接壤，经常发生战乱，因此凉州人也十分骁勇善战，盛产骑兵。

幽州，大致是今天的河北北部、北京、天津、辽宁及朝鲜西北部一带，基本是春秋战国时燕国的地盘，位于北方边境，周边与乌丸、鲜卑、高句丽等少数民族接壤。幽州人与凉州人一样，也好弓马，善骑射。

并州，大致是今天的山西、陕西北部一带及内蒙古的河套地区，由于南匈奴的内迁，并州成为胡汉杂居的地带，但依然地广人稀，发达程度不及中原。

交州，大致是今天的广东、广西和越南中北部一带，也被称为"岭南"，因为距离中原遥远，朝廷的控制相对薄弱，在当时经济文化也相对落后，甚至被视为"烟瘴之地"，经常被用作流放犯人。

这十三州，在后面的篇章中会经常出现，那时我们还会分别进行更详细的解读。

至此，州牧和州刺史拥有了治民权和一部分军权，为后来的乱世埋下了隐患：当皇权衰落时，那些手握重兵、拥有广大土地和钱粮的州牧、州刺史摇身一变，就成为了割据一方的军阀、"土皇帝"。

提出这个建议的刘焉，其实也有私心，他看到了汉室的没落，想要到一个边远的地方当封疆大吏，躲避灾祸。当时有个擅长观风水的董扶，对刘焉说益州有天子气，于是刘焉就担任了益州牧。后来刘焉和他的儿子刘璋都成为割据益州的军阀。我们后面还要讲到他们。

袁绍诛宦官

说完了地方，我们来说中央。为了平定黄巾起义，汉灵帝提拔了自己的大舅哥何进为大将军，让他掌握了军政大权，这样一来，外戚的势力就增长了，外戚和宦官的斗争自然也就加剧了。同样在公元188年，汉灵帝为了加强京师洛阳的守备，在皇宫的西园筹建了一支新军，并设立了八个校尉进行统领，史称"西园八校尉"。"西园八校尉"领头的是上军校尉蹇（jiǎn）硕，他是宦官集团成员；排第二的是中军校尉袁绍，他是何进的死党；八校尉里面还有一个大家熟悉的名字——典军校尉曹操，他也站在何进那边。可见，这支西园军掺杂着宦官和外戚两股势力，双方都在争夺京师的军政权力。

公元189年四月，汉灵帝驾崩，宦官与外戚的交锋开始了。当时代表宦官一方的蹇硕想先发制人，除掉何进以绝后患，但是他的密谋被泄露给了何皇后，也就是何进的妹妹。何进得知消息后，果断出击，诛杀了蹇硕。然后，何进将汉灵帝与何皇后所生的儿子，也是自己的外甥刘辨扶上皇位，史称汉少帝，何进则独揽朝政。

何进之所以能在与宦官的斗争中赢下这局，并不是他能耐大，而是因为他有一个得力助手，就是袁绍。何进是个杀猪的出身，因为妹妹选入宫中，才靠着裙带关系当上高官，因此但凡有重要的事，他都要找袁绍商量。

袁绍，字本初，出身一个大贵族家庭——汝南袁氏家族，从袁绍的高祖父袁安算起，这个家族连续四代都有人坐到了"三公"的位置，被称为"四世三公"。"三公"是司徒、司空、太尉的合称，在百官里排位最高，一般都由资历最深、威望最高的大臣担任，因此汝南袁氏在当时可以说是首屈一指的豪门，声望极高，门生故吏遍天下。袁绍从小就喜欢结交友人，声名远播，当时许多豪杰争相来拜访袁绍，他们的马车甚至将袁家门口的道路都堵塞了。

诛杀蹇硕，是袁绍为何进立的一大功。袁绍平常就厌恶宦官专政，何进掌权后，袁绍给他出主意，说干脆趁这个时机，把宫里的宦官一网打尽，从此挖掉这个毒瘤，以免夜长梦多。何进是个没主意的人，就去宫里问已经成为何太后的妹妹。可是何太后并不同意，她说宦官统领宫内事务，这是汉家的传统，怎么能说废就废呢。这时候，何进的母亲舞阳君、弟弟何苗因为收受了宦官的贿赂，也替宦官求情，何进举棋不定。

看到何进犹豫，袁绍又出了一计："我们可以征召天下四方的猛将进京，来威胁太后，那时候就不怕太后不答应了。"这话一出，立即遭到了主簿陈琳的反对，陈琳说，这种行为就像上阵杀敌时，把武器倒着拿，把柄部交给敌人，不但不会成功，反而会带来祸患。"授人以柄"这个成语，就是从这里来的。然而何进这时候非常信任袁绍，对陈琳的劝谏根本没放在心上。

于是何进派人征召几位地方大员带兵进京，其中就有担任并州牧的董卓。董卓这个人，我们上一节提到过，在讨伐黄巾军的时候，他曾经在冀州与张角作战。董卓是陇西临洮（今甘肃岷县）人，从小在凉州长大，凉州与羌人交界，而羌人又擅长骑马射箭，所以董卓也练就了一身骑射的本事，在边境屡立战功，不断升迁。因为长期在凉州领兵，他培养了一支以骑兵为主、骁勇善战的西凉军，这也成为了他手中的一大法宝。

董卓早就有野心，苦于一直守在边疆，没有参与朝政的机会。这次得到何进的征召，他大喜过望，立即就率领他的西凉军向洛阳赶来。然而董卓还没赶到，洛阳城内就发生了变乱。原来，就在何进对除宦官这件事一直犹豫不决的时候，宦官们得到了情报，抢先动手了。"十常侍"假借何太后的名义，将何进骗进宫内，杀死在嘉德殿前。

何进被杀，彻底激怒了袁绍等人。袁绍、袁术率领何进的旧部向皇宫发动了攻击。一时间皇宫里四处火起，洛阳城一片混乱。军士们冲进宫中，只要看到宦官，不分青红皂白一顿乱杀，一些没有长胡须的人也被误认为是宦官遭到杀害。张让、赵忠等宦官见大事不妙，就挟持了汉少帝以及他的弟弟、陈留王刘协，从皇宫北门逃出去，一直往北边的邙（máng）山方向逃窜。等到袁绍等人发现皇帝被劫走，派人出城找寻，这才发现，董卓的大军已经赶到了邙山，将汉少帝控制在手中。

就这样，洛阳城内一场大乱，宦官、外戚两派杀得两败俱伤，董卓渔翁得利，成了最大的赢家。

董卓进入洛阳后，怕自己带的兵马太少，镇不住洛阳的官兵，就耍了一个花招。每天晚上，他把人马悄悄地开到城外去，到了第二天白天，他再让这支人马大张旗鼓地进城。这样一连几次进出，洛阳的人都闹不清董卓到底调来多少兵马。原来何进手下的将士看到董卓势力强大，也纷纷投靠董卓。这样一来，洛阳的兵权就全部落到了董卓手里。

骑都尉鲍信曾建议袁绍趁董卓士卒疲劳的时候袭击他，但袁绍对董卓已经有些畏惧，迟迟不敢下手。这样董卓的权力便一步步地扩大，当初陈琳的担忧果然成了现实。

董卓废帝

董卓知道，自己是外将入朝，在朝廷内根基浅，如果想进一步篡夺朝政、排斥异己，就要像西汉的权臣霍光、王莽那样，行废立之举，就是废掉现在的皇帝，立新的皇帝。他所中意的新皇帝，就是年仅九岁的陈留王刘协。

史书上说，董卓中意陈留王刘协，是因为他聪明。当初董卓在北邙迎接少帝与陈留王，董卓向少帝问话，少帝吓得支支吾吾，说不上来，而陈留王则从容地将这场变乱从头到尾一一讲来，没有一点遗漏。董卓于是就有了废立的意思。实际上，董卓选择陈留王刘协，主要还是因为他年纪小，而且没有外戚力量，方便董卓操控朝廷。

董卓的提议引发了很多朝臣的不满，袁绍的反抗尤为激烈，他当场拍案而起，顶撞董卓。董卓大怒，按剑在手，恶狠狠地对袁绍说："我要做的事情，谁敢不从！你是想试试我的剑锋利不锋利吗？"袁绍也毫不客气地将佩刀按在手里说："天下有实力的人，难道只有董公吗？"这场冲突双方都比较克制，袁绍出身名门，董卓自然不敢动手，而此时董卓羽翼已丰，袁绍也无法在洛阳城内除掉他。

思前想后，袁绍觉得只有一个办法能对抗董卓，就是离开京城，到地方上寻求兵马，讨伐董卓。与袁绍关系要好的曹操也厌恶董卓的为人，拒绝了董卓封赏的官职，逃出京城，前往陈留招兵买马，发展自己的势力。

没有了袁绍的阻拦，朝廷中谁也不敢再得罪董卓。董卓于是废少帝刘辨为弘农王，立陈留王刘协为帝，这就是东汉最后一任皇帝汉献帝。不久，董卓又残忍地杀害了弘农王与何太后，并自称相国，独揽大权。

董卓为人十分残暴，他掌握朝政大权后，放任他的西凉兵在城中抢劫财物，使洛阳城陷于一片恐慌之中。有一次董卓率领军队路过阳城，看见当地正在举行祭祀活动，他残忍地将手无寸铁的百姓杀害，把他们的牛马和财物掳掠走，回到城中还号称是讨伐贼寇得胜回城。

董卓的倒行逆施，引发了全国各地反对的浪潮，于是，一场声势浩大的关东诸侯讨董之战拉开了帷幕，而汉朝的江山也就是在这个时候开始山河破碎、四分五裂了。

❋ 思 考 ❋

（一）东汉郡、县两级行政区划是如何变成州、郡、县三级行政区划的？东汉末年的十三州都在哪里？

（二）怎样评价袁绍引外兵入京师这一计策？

讨董联军

州郡起兵

董卓进京后，废少帝而立献帝，并自领相国，独断专行。他本以为这样就可以控制整个天下了，然而换来的结果是天下都不再听朝廷的号令，各个州的州牧、州刺史，各个郡的郡太守，转而成为大大小小的割据军阀。他们自行招募士兵，任免官员，征收赋税，俨然就成了一个个的独立王国。

究其原因，就是因为董卓是一个从西凉来的军阀，又是武将出身，没有什么威望，他控制朝政，又擅自更换皇帝，大家都不服从他，更不愿意接受他领导。

　　董卓也有点犯愁，这该怎么办呢？这时候有两个大臣给董卓出主意，他们是侍中周毖（bì）和城门校尉伍琼，他俩对董卓说，你看，袁氏家族树恩四世，门生故吏遍及天下，如果他们广招豪杰，起兵讨伐，那整个山东就不是您能掌握的了（注意，当时的山东，和现在的山东省概念不一样，指的是崤山、函谷关以东的地区，也就是战国时除秦以外的东方六国的疆域）。他们两人建议董卓，不如给袁绍卖个人情，封他做个郡太守，"他一定对您感恩戴德"。董卓被这么一忽悠，还真的派人封袁绍为渤海太守。不久，董卓又将几位和袁绍关系很好的官员韩馥、刘岱、孔伷（zhòu）、张邈等人都外放到地方担任州刺史或郡太守。

　　实际上，周毖和伍琼是袁绍的死党，他们给董卓出主意，就是想让袁绍和他的同伙们在地方上拥有地盘，招募军队来讨伐董卓。果然，公元190年春天，关东刺史、郡守纷纷以讨伐董卓为名举义兵，主要有十路大军：后将军袁术、冀州牧韩馥、豫州刺史孔伷、兖州刺史刘岱、河内太守王匡、渤海太守袁绍、陈留太守张邈、东郡太守桥瑁、山阳太守袁遗、济北相鲍信。大家共推袁绍作为盟主。关东州郡讨董之战就此拉开帷幕。魏文帝曹丕后来在一篇文章中这样描述当时的场景："名豪大侠，富室强族，飘扬云会，万里相赴。"意思是说，地方的豪族、富户等不远万里加入到讨董联盟中。

　　可能有的读者会发现，小说《三国演义》里不是十八路诸侯吗，这里怎么只有十路？的确，《三国演义》里写到的一些诸侯，实际在历史上并没有参与此次讨董之战，比如马腾、公孙瓒、陶谦、孔融等。曹操虽然也是盟军的一员，但是他当时没有官职和地盘，袁绍表曹操为"行奋武将军"，前面有个"行"字，说明是个代理职位，不算一路诸侯。据记载，刘备当时也曾响应讨伐董卓的号召，但他只是个小小的高唐县令，还不成气候，也算不上一路诸侯。

　　讨董联军声势浩大，共分为四路：袁绍、王匡进驻河内（今河南焦作、新乡一带），负责洛阳北面的战线，韩馥驻守邺城（今河北临漳），为北线供应粮草；孔伷驻军颍川，在洛阳东南方向形成威胁；袁术驻屯洛阳正南方向的鲁阳（今河南鲁山），从南翼发起进攻；其余诸侯集合于兖州与司隶交界的酸枣（今河南延津），负责正东方向的战线。这样，基本形成了对洛阳的半包围。

🌀 火烧洛阳

董卓看到自己封赏的这些地方官不来感恩，反而带兵来讨伐他，勃然大怒，他先是杀了周珌和伍琼两人，又派人去杀了包括袁绍的叔父、太傅袁隗（wěi）在内的袁家一门五十余口。为了避免汉献帝落入联军之手，他索性逼迫汉献帝迁都长安，并且将洛阳的宫殿、官府以及二百里内的民居全部烧毁，强迫洛阳地区数百万人也一同西迁。

洛阳是东汉一百六十多年的国都，曾经盛极一时、繁华无比，如今却被董卓摧毁成一片瓦砾。除此之外，董卓的军队还挖掘帝王公卿陵墓，盗取珍宝，将许多珍贵的文化遗产破坏殆尽。比如汉灵帝时期在洛阳太学门外所立的熹平石经，是中国最早的官定儒家经典刻石，由大书法家蔡邕撰写，自立起后就吸引了众多读书人前来摹写。但董卓焚烧洛阳，这些珍贵的石经也毁坏散佚。如今，熹平石经只存留下一些残石，散存于西安碑林博物馆、洛阳博物馆等地，成为这场浩劫的见证。

董卓的种种倒行逆施，本应激起讨董联军的极大愤慨。然而在距离洛阳最近的酸枣大营，诸侯们虽然集结了十多万兵马，却作壁上观，日日置酒高会，不思进取。这让一个人看不下去了，这个人就是曹操。曹操劝说这些诸侯，董卓现在劫持天子、焚烧宫室，已经大失人心，趁此时机一起出兵，肯定会取得胜利。但这些诸侯都对曹操不理不睬。于是曹操决定独自出兵，他带兵西进，在荥阳汴水与董卓大将徐荣相遇。董卓的西凉军十分彪悍，曹操手下的士兵多是初临战阵，不是西凉军的敌手，遭遇了一场大败。曹操本人也被流矢所中，若不是堂弟曹洪相救，曹操险些性命不保。

曹操在东线失败后，北线的王匡也在从河阳津渡黄河时被董卓军袭击，几乎全军覆灭。这样，讨董联军的全部希望就剩下南线了。

孙坚斩华雄

负责在南线讨伐的是袁绍的堂弟袁术。袁术也是个胆小的人，不敢和董卓的西凉军交锋。但袁术手下有一支非

常英勇的队伍，就是长沙太守孙坚的军队。

　　孙坚就是我们前面提到过的、曾经跟随朱儁讨伐黄巾军的佐军司马，后来他屡立战功，先后为朝廷平定了凉州边章、长沙区星的叛乱，被封为长沙太守、乌程侯。关东诸侯讨董的消息传来，孙坚的长沙郡距离遥远，但他果断

提兵北上，加入到讨伐董卓的战斗中。

孙坚的军队成为联军中最能打硬仗的一支队伍。在梁县东，初来乍到的孙坚遭遇董卓部将徐荣攻击，大败，孙坚本人仅率数十骑逃出。但他很快收合余部，与董卓军队再战于阳人。阳人距离洛阳仅有百里之遥，当时董卓军中大督护胡轸与骑督吕布将帅不和，这给孙坚创造了良机。阳人一战，孙坚不仅击败了骁勇的神将吕布，还斩杀了董卓军中另一位都督华雄。

在小说《三国演义》里，华雄是为关羽所斩，"温酒斩华雄"的故事名气很大。但在历史上，华雄却是死于孙坚之手。同样，《三国演义》中的"刘关张三英战吕布"也并不存在，吕布是为孙坚所击败的。

孙坚节节胜利，也让董卓望而生畏。董卓对部下说："关东诸侯经常吃败仗，个个都畏惧我，不足为虑，唯有孙坚这个小子，还有点能耐，应该告诉诸将小心对付。"随后，董卓为了笼络孙坚，派人来与孙坚结盟示好，并且承诺赏赐他和子弟高官厚禄。但孙坚不为所动，大骂使者："董卓逆天无道，荡覆王室，如果我不能将董卓夷灭三族，死不瞑目！"随后孙坚进军大谷关，逼近洛阳，董卓不得已退兵至陕县，放弃洛阳。

孙坚带兵进入洛阳，看到这座煌煌帝都已经成为一片废墟，数百里之内没有人烟，场面十分凄凉。他让兵士重修诸陵，平塞墓穴，然后离开，退军回到鲁阳。据一些史料记载，孙坚在洛阳城中的一座井中发现了此前朝廷遗失的传国玉玺，孙坚死后，这个玉玺为袁术所得，助长了袁术称帝的野心。

董卓西逃，讨董联军也就更无斗志了。过了不久，联军的粮食用尽，便就地解散了。这些诸侯回到各自的州郡后，就从昔日的盟友变成了敌人，他们再也不顾皇帝的死活，为了争夺地盘和人口，开始互相征伐和残杀。一时间天下大乱，国家四分五裂。正如曹丕后来在文章中写到的"而山东大者连郡国，中者婴城邑，小者聚阡陌，以还相吞并"，意思是说，关东地区，大到郡国，中到城市，小到百姓聚集的村落，都在互相吞并，百姓陷入更深的苦难之中。

※ 思 考 ※

（一）关东诸侯讨董联军是怎样形成的？

（二）为什么关东诸侯讨董联军最终以失败告终？

吕布与貂蝉

第五节

🌊 董卓筑郿坞

　　董卓西迁，讨董联军解散，故事就分成了两头，讨董联军的诸侯解散后发生了什么，又出现了哪些英雄人物，我们放在第二章再讲，这一节我们还是继续讲董卓。

　　董卓挟持汉献帝迁都长安后，专权与残暴不仅没有收敛，反而更为加剧。他逼迫汉献帝封他为太师，自号"尚父"，出入都坐着豪华的青盖车。他封弟弟董旻为左将军，侄子董璜为中军校尉，掌管兵马，董家宗族一人得道，鸡犬升天，男的被封为侯，女的被封为邑君，连董卓一个不到十五岁的孙女都被封为渭阳君。百官有事要奏，也不去朝堂了，都得先去董卓的府上奏报。

董卓还在长安城西的郿县（今陕西眉县）建造了一座高大的坞堡，里面储藏的粮食可以吃三十年。董卓终日在郿坞里寻欢作乐，还对身边的人说："将来我如果成了大事，就要雄踞天下；如果成不了大事，退守这座郿坞，也足够安享晚年了。"

董卓的倒行逆施自然引来了很多朝廷大臣的不满，但是董卓手段凶残，他手下的西凉兵又十分凶猛，大臣们大多敢怒不敢言。比如前面提到的镇压黄巾起义的最大功臣皇甫嵩，他和董卓都是凉州人，也曾经和董卓共同讨伐羌人叛乱。讨董联军在关东起兵时，皇甫嵩统兵三万在扶风郡，董卓害怕他跟袁绍呼应，就以天子的名义征召他去朝廷做官。这时，京兆尹盖勋劝说皇甫嵩起兵讨董，解救天子，然而皇甫嵩却不敢违抗天子的诏书，放弃了兵权来到洛阳。董卓想将皇甫嵩杀掉，皇甫嵩的儿子跟董卓有旧交，磕头流泪为父亲求情，董卓方才作罢。

但是其他的官员就没有这么好的运气了。比如卫尉张温，以前在讨伐羌人的时候是董卓的顶头上司。董卓骄横无礼，不服从军令，和张温的关系闹得很僵。当时孙坚也在张温的手下，他看出董卓的野心，劝张温早早除掉这个后患，然而张温没有听从。董卓掌权后，诬陷张温暗通袁术，派人将他在闹市上拷打致死。

越骑校尉伍孚是个忠勇之士，他把佩刀藏在朝服里，准备伺机刺杀董卓。一次散朝，董卓起身送行，伍孚突然掏出佩刀向董卓刺去。但董卓是将军出身，力气很大。伍孚行刺不成，被左右拿下。伍孚大骂董卓："你乱国篡主，罪恶滔天，我恨不得将你在闹市中车裂，以谢天下。"董卓大怒，将他处死。

真假貂蝉

伍孚死后，朝臣对董卓十分惧怕，但反对董卓的举动一直没有停歇。司徒王允就一直和几名大臣密谋除掉董卓，但是他们都是一帮文官，势单力薄。但很快，王允物色到了一个帮手，就是董卓手下的爱将吕布。

吕布，字奉先，五原郡九原（今内蒙古包头）人，他最初在并州刺史丁原手下担任主簿，很受亲待。何进征召地方诸侯进京时，丁原和董卓一样，也率兵来到洛阳郊外的孟津，准备帮助何进除掉宦官。没想到董卓抢先进京，夺取了朝政大权，这样丁原就成了董卓的心头之患。董卓发现吕布是个没有信义的人，就收买了吕布，指使他刺杀了丁原，从而兼并了丁原的并州军。因为有这份功劳，吕布被董卓任命为骑都尉，引为亲信，两人平常甚至以父子相称。

在《三国演义》等文学作品中，吕布被描绘成汉末三国时期的第一猛将。在史书记载中，吕布也是弓马娴熟、臂力过人，军中称他为"飞将"。吕布有一匹名马"赤兔"，因此时人称"人中有吕布，马中有赤兔"。

由于王允是太原晋阳（今山西太原）人，和吕布都属并州人，有这份老乡的关系，两人就开始走动得亲近起来。王允看出吕布对董卓有不满的情绪，于是便策反了他作为刺杀董卓的内应。

既然董卓与吕布恩若父子，吕布为何会听从王允的挑拨呢？

《三国演义》里编了一个"连环计"的桥段，说是王允有一个义女名叫貂蝉，生得貌美无比，王允先将貂蝉献予吕布，又将貂蝉献予董卓，吕布、董卓二人都是好色之徒，因为一个女子而互生怨恨，王允便趁机唆使吕布刺死了董卓。这个故事太有名了，以至于后来有人将貂蝉与西施、杨玉环、王昭君一起称为"四大美女"。

当然，"连环计"的故事是虚构的，貂蝉也是"四大美女"中唯一的虚构人物。

史载，董卓知道自己作恶多端，怕别人谋害自己，经常让吕布担任自己的侍卫，但董卓脾气暴躁，对吕布但凡有些不满意，就会用随身的手戟去掷吕布，这让吕布对董卓心生恨意。而且吕布在守卫董卓宅院时，跟董卓的侍妾私通，尽管董卓没有发觉，但吕布内心不安，对董卓动了杀心。

董卓的这个侍妾，可能就是貂蝉的原型，可惜史书对这段故事的描述太简略了，我们也无从了解她与吕布之后的故事。

即便是《三国演义》中的貂蝉，在完成"连环计"的使命后也没有下文了。因此后来有些文人续写了貂蝉的故事，比如有一则写到吕布兵败后，貂蝉被曹操所得，曹操将貂蝉赐给关羽，但关羽不近女色，认为貂蝉是不祥之人，于是在一个明月之夜将貂蝉斩杀，这就是"关公月下斩貂蝉"的故事。

至于貂蝉为什么叫"貂蝉"，据学者考证，貂蝉本意是古代官吏服饰上的两件重要装饰品。《晋书·舆服志》记载，侍中和散骑常侍是当时皇帝身边最亲信的官员，他们虽然是文臣，但被特许戴上武冠。为了区别于武将，他们的冠上要"加金珰，附蝉为饰，插以貂毛，黄金为竿"。也就是说，"貂蝉"是金竿貂尾和蝉纹金珰两件饰品的合称。后来貂蝉饰冠成为了贵族身份的象征。

西晋时候，司马伦执掌大权，大封部下，每次朝会的时候，戴着"貂蝉"饰冠的党羽坐满了席位，以至于貂毛都不够用了，就用狗尾巴来代替，这就是成语"狗尾续貂"的来历。如今在魏晋时期的一些高等级墓葬中，还能发现精致的蝉纹金珰。

李傕郭汜乱长安

公元 192 年四月的一天，汉献帝在未央殿大会群臣，董卓身着朝服登车，在吕布和众多步骑侍卫的护送下来到皇宫的北掖门。突然，门内的卫士向董卓的车驾刺来，董卓被刺伤，翻下车来，回头高呼："吕布何在？"他没想到，吕布竟然也背叛了他。吕布说道："有诏讨贼臣。"说罢，用长矛将董卓刺死，结束了董卓近三年的残暴统治。

董卓被杀，士卒百姓无不欢欣鼓舞，长安城中的民众为了欢庆董卓之死，在街道上载歌载舞，大摆酒宴，比过年还要热闹。董卓是个大胖子，身上满是脂肪，人们在他的肚脐眼上点上火，以发泄自己的愤怒，他的尸体燃得如篝火一般。

董卓死后，朝政由王允总揽，但王允居功自傲，加上才能有限，接连犯下几个错误。一次朝会上，朝臣们谈论起董卓，在座的大臣蔡邕忍不住叹息了一声。蔡邕是当时著名的大文学家、史学家、音乐家和书法家，蔡邕曾主持

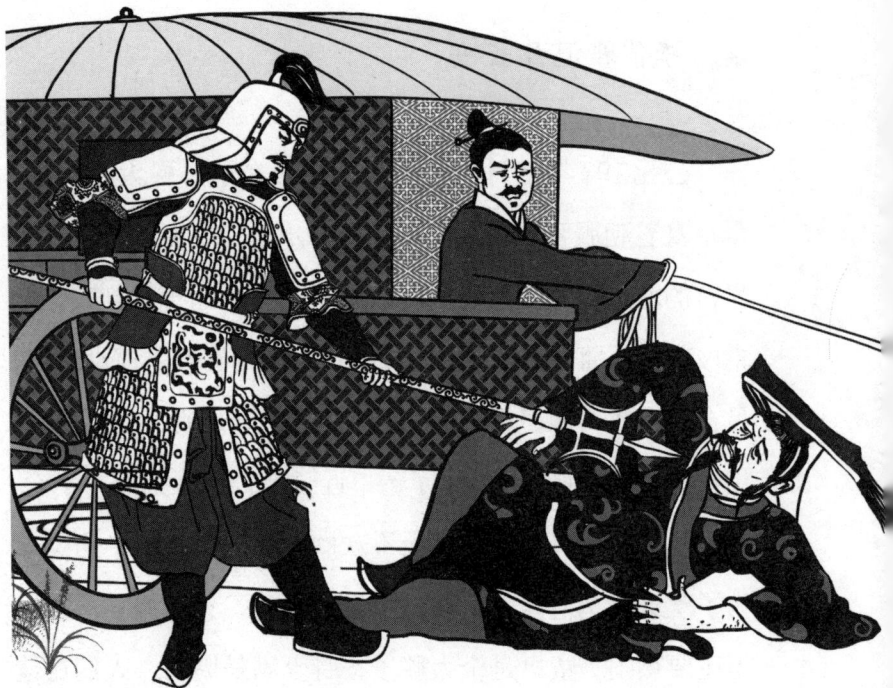

熹平石经的刻立，并续写汉朝的史书，在当时的朝野名望很高。蔡邕对董卓表示同情，并不是助纣为虐，而是因为董卓曾经提拔过他，对他有恩情。然而蔡邕的这一轻微举动却犯了王允的忌讳，王允当朝斥责他是董卓谋逆的同党，将他押入死牢。许多大臣为蔡邕求情，请求王允至少留下

蔡邕的性命，让他完成续写汉史的任务。可王允却不屑地说："当初汉武帝不杀司马迁，让他写出诽谤朝廷的《史记》流传于世，现在国家衰落，更不能让这种奸邪的臣子写文章议论我们。"最终，蔡邕被害死在狱中。许多人都为他鸣不平，并且因此疏远了王允。蔡邕死后，他的女儿蔡文姬流落匈奴，后来成为一代才女，她的故事我们后面再讲。

王允在处置董卓余党的问题上犯了更大的错误。当时董卓的西凉军主力由其女婿牛辅统领，驻扎在陕县。董卓死后，牛辅也被部下所杀，西凉军一下慌乱起来，牛辅手下的校尉李傕（jué）、郭汜（sì，一说"汜"是"氾"的通假字，读音为 fàn）等就请求朝廷赦免他们。可是王允认为他们都是董卓的帮凶，不许赦免。李傕等人就想，干脆解散了兵马逃回凉州吧。可正在这时，李傕身边有个叫贾诩的谋士说了一句话："你们几个现在如果弃了兵权逃亡，一个亭长就能把你们捉住。还不如整顿兵马攻打长安，为董公报仇。如果赢了，那你们就掌握了天下；如果输了，再跑也来得及啊。"

李傕等人是大老粗，一听贾诩说得有道理，立即集结兵马，向长安杀去，等到了长安城外，已经聚集了十万人。吕布虽然英勇，但寡不敌众，再加上手下的士兵开城响应，最终，西凉军攻破了长安。他们杀了王允，在长安城内大肆劫掠，杀人如麻，老百姓刚过了几天好日子，又陷入黑暗之中。而可怜的汉献帝才出了虎口，又入了狼窝。记住这个贾诩，他被后人评价为"三国第一毒士"，我们后面还会讲到他。

　　长安大乱，吕布带着数百骑兵逃出城去，东出武关，从此成为一支流浪军，加入到军阀混战的乱局之中。我们下一章就来讲讲军阀混战是怎么一回事。

❀ 思　考 ❀

　　（一）"四大美女"之一的貂蝉在历史上实有其人吗？

　　（二）董卓以凉州军阀的身份进京，独揽朝政，为什么短短三年就事败身亡？

　　（三）为什么王允除掉了董卓，天下却没有恢复太平？

第一章

北方的战乱与统一

从公元191年关东诸侯讨董联军解散开始，整个中国就已经分崩离析了，那些手上有地盘、有兵马的州郡长官摇身一变，纷纷成为一方割据势力，彼此间展开混战。用吕布的一句话描述，就是「郡郡作帝，县县自王」，这个状态持续了将近三十年，直到公元220年以后，魏、蜀、吴相继建立，天下三分的局面才确定下来。

袁绍占据河北

从公元 191 年关东诸侯讨董联军解散开始，整个中国就已经分崩离析了，那些手上有地盘、有兵马的州郡长官摇身一变，纷纷成为一方割据势力，彼此间展开混战。用吕布的一句话描述，就是"郡郡作帝，县县自王"，这个状态持续了将近三十年，直到公元 220 年以后，魏、蜀、吴相继建立，天下三分的局面才确定下来。

谈到汉末群雄纷争，就必须首先提到这两个人：曹操和袁绍。他们在乱世的初期是并肩合作的盟友，但十年之后，他们又成了最大的对手，为了争夺北方的霸主，展开了一场殊死较量。

先说袁绍。前面讲到，袁绍出身"四世三公"的汝南袁氏家族，身份尊贵，声望很高。因此当他逃出洛阳，举起讨伐董卓的大旗时，天下州郡的牧守们有不少带兵支持他，参与讨董联军的许多诸侯都跟袁绍有着千丝万缕的联系。比如冀州牧韩馥是袁氏家族的故吏，陈留太守张邈是袁绍的好友，后将军袁术、山阳太守袁遗是袁绍的堂兄弟。董卓屠杀了留在洛阳的袁隗一家，又让袁绍博得了很多同情，许多豪杰名士纷纷投奔袁绍，为他效力。因此在讨董联军解散之后，袁绍很快就在渤海壮大了起来。

但是，渤海一郡之地显然不足以承载袁绍的野心，他将目标投向了冀州。当时，幽州军阀公孙瓒正在向南发展，试图进犯冀州，冀州牧韩馥惶恐不安，于是袁绍就派谋士荀谌、高干为说客，说服韩馥将冀州让给袁绍。韩馥素来就胆子小，经这么一劝说，竟然真就把整个冀州拱手交给了袁绍。冀州土地广阔，人才辈出，当年汉光武帝刘秀就是以这里为基业而统一天下的。袁绍不费吹灰之力得到了冀州，势力大大增强，在军阀混战中可谓鹤立鸡群。

乱世之奸雄

而曹操就没有袁绍这么显赫的家世，发展得也没有袁绍那么顺利。

曹操，字孟德，沛国谯县（今安徽亳州）人。曹操的祖父曹腾是大宦官，汉桓帝时封费亭侯，显赫一时。宦官不能生孩子，所以曹腾将族子曹嵩收为养子（另一种记载说，曹嵩来自谯县夏侯氏家族，曹氏与夏侯氏是两个世代姻亲的家族）。曹嵩人品不佳，一路靠着养父的荫庇升迁，后来还花钱买了一个太尉的职位。曹操就是曹嵩的儿子。宦官集团在东汉末年臭名昭著，被清流名士看不起。因此曹操的出身是有"污点"的，跟袁绍那种天下仰望的豪门望族子弟不能同日而语。

曹操少年时有些顽劣，用现在的话说就是"熊孩子"。他早年丧母，缺乏管教，所以沉溺于飞鹰走狗，游手好闲，不务正业，但他又特别聪明机警。曹操经常惹祸，他的叔父就总到他的父亲曹嵩那里告状，于是曹操心生一计。一天，曹操见到叔父，突然口吐白沫，倒在一旁，不省人事。

他的叔父吓了一跳，赶紧去把曹嵩叫来。等到曹嵩火急火燎地赶到，却看到曹操好好地站在那里，什么事都没有。曹嵩问这是什么情况，曹操就说："叔父向来不喜欢我，所以老编瞎话诬陷我。"果然，曹嵩以后再也不相信弟弟的话了。因为太会骗人，曹操得了个小名"阿瞒"，就相当于现在流行的一句东北方言"大忽悠"。

不过也有慧眼识英雄的人，尚书令桥玄就非常看好曹操，他说："天下要大乱了，只有命世之才才能安定天下，曹操就是这种人啊！"当时，汝南人许劭擅长品评人物，影响很大，他创立的"月旦评"在每月初一的时候都会公布对于当时人物的品评、褒贬。无论是谁，一旦得到"月旦评"的赞扬，就会身价倍增；而被贬损，则会声望大挫。曹操知道了，就去找许劭，逼着他给自己一段评语。许劭于是说："子治世之能臣，乱世之奸雄。"（"你在和平时代是一个能臣，但到了乱世就是一个奸雄。"）这评语虽然有讽刺曹操的成分，曹操听后却很高兴，他的名声从此也就传开了。

五色棒

　　曹操初登仕途，就一鸣惊人。他二十岁出头就做了洛阳北部尉，负责都城北部的治安。洛阳是天子脚下，达官显贵很多，并不好治理，但曹操上任后丝毫不顾及情面，让人在官衙门口立起十余根五色大棒，并且申明法令，谁要敢违法乱纪，一律用棍棒打死。不久，小黄门蹇硕的叔叔违反夜行的禁令，曹操立即严格执法，将他打死。一时间京城的权贵全都收敛了，京城治安状况大为好转。

　　黄巾起义爆发后，曹操担任骑都尉，跟随皇甫嵩、朱儁击败颍川黄巾军，因功受封济南相。

　　济南相，就是济南国的国相。两汉实行郡、国并置，刘姓诸侯王受封的地方称为国，跟郡是平级的。但从汉武帝抑制诸侯王以来，诸侯王只有空名，没有实权，诸侯国的行政就由国相来负责，因此，国相和郡太守其实是一回事。后面讲到的北海相孔融、平原相刘备也属此类。

　　济南国有十多个县，这里的县官大多都是阿附权贵、贪赃枉法之辈，百姓早有怨言。曹操来到济南国后用雷霆手段整顿吏治，严明法纪，将八个县的长官都罢免了，吓得那些为非作歹的恶人四处逃窜，一时间整个济南国秩序井然，百姓安宁。

曹操虽然精明能干，但也得罪了不少权贵，没过多久他就被免官了。但曹操并没有因此而消沉，他在老家谯县的郊外搭建了一间精舍，秋夏读书，冬春射猎，磨砺文武，等待时机。

后来曹操被朝廷征召回洛阳，担任典军校尉。何进被杀后，曹操参与了袁绍诛杀宦官的行动。董卓篡政后，曹操预感到董卓最终必将败亡，于是拒绝了董卓授予的职位，变更姓名出城向东逃去。途中，曹操经过故友吕伯奢家，于是前往拜会，恰巧吕伯奢不在，他的五个儿子摆下宴席款待曹操。然而曹操当时在逃亡路上，生性多疑，听到磨刀的声音，以为吕伯奢的儿子们想要图谋害他，于是亲手杀死了吕家八口无辜的人。事后，曹操说了一句话："宁可我对不起别人，不能别人对不起我。"这里我们也能看到曹操奸诈与残忍的一面。

曹操来到陈留，散尽家财，招募义士，组建义军。这时候的曹操没有官职，没有地盘，完全是白手起家。来自他老家谯县的宗亲兄弟们给予他有力支持，像后来成为曹军大将的曹仁、曹洪、夏侯惇、夏侯渊都是在这个时期加入曹操麾下的。这四人有个共同特点就是性情刚烈、讲义气。比如夏侯惇少年的时候跟老师学习，有人侮辱老师，夏侯惇一怒之下就杀了那个人。夏侯渊有情有义，曹操曾经在县里犯事跑了，夏侯渊代他受罚。曹仁从小就喜好弓马打猎，曹操起兵时，他在淮泗之间结识了上千名少年兵勇，带给曹操做生力军。曹洪不仅勇猛，家里还是个地主土豪，拥有家兵千余人，在曹操兵败后还能动用私人关系招募"庐江上甲"两千人。

袁氏兄弟不和

起兵初期的曹操并不引人注目，他的兵力很弱，又是新近招募，战斗力不强，在汴水之战被徐荣击败，损失了大半兵力。后来他去扬州募兵，回军的途中又遇上士兵叛逃。他只好带兵到河内，暂时依附于袁绍。但这个过程中，曹操和他的曹家、夏侯家的兄弟们始终团结一心，艰苦创业。可是反观袁家，坐拥名门资源，却早早闹起了兄弟不和。

这是怎么回事呢？原来，袁绍和袁术都是司空袁逢的儿子，但是袁术是正妻所生，属于嫡子；袁绍是侧室所生，属于庶子。在古代宗法社会，母亲的地位直接影响到儿子的地位，尽管后来袁绍过继给了叔父袁成，跟袁术在宗法上成了堂兄弟，地位平等了，但袁术自认为血统高贵，打心眼儿里看不起袁绍，后来袁绍的声望和能力都比他强，他就更是心生不满。

早年在洛阳诛杀宦官的时候，袁绍和袁术尚能齐心协力，等到讨董联军散伙，袁术就开始跟袁绍抢地盘。他们都盯上了豫州这块富裕的地方，袁术表奏孙坚为豫州刺史，袁绍却趁孙坚讨伐董卓的时候，派将领周昕去抢夺豫州的阳城。袁术非常气恼，跟袁绍彻底决裂。

袁术为了牵制袁绍，跟幽州军阀公孙瓒暗中结好，唆使公孙瓒跟袁绍争夺河北，而袁绍也不甘示弱，和荆州牧刘表暗中往来，指使刘表截断袁术的粮道。这样一来，军阀混战很大程度上成了袁家兄弟主导的两大阵营的火并。

青州兵

趁着二袁相争，曹操瞅准机会，来到兖州的东郡（今河南濮阳、山东聊城一带）发展自己的力量。

当时黄巾军有一支余部在青州、徐州一带劫掠，被称为青徐黄巾，有三十多万之众。公元192年，青徐黄巾攻入兖州，兖州刺史刘岱不敌被杀。兖州一时无主，济北相鲍信推举曹操担任兖州牧。

曹操上任后，统领军队在寿张与黄巾军交战。当时曹操兵少，将士们都有些畏惧，曹操亲自穿上甲胄冲在第一线，巡查军营，明确赏罚，士气大为提振，将黄巾军击败。后来，曹操采取恩威并施的方法，迫使三十万人的青徐黄巾向他投降，他从中挑选精锐，组建了一支军队，号为"青州兵"。

从此，曹操崛起，群雄纷争的局面为之一变。

✹ 思 考 ✹

（一）曹操和袁绍的出身有何不同？他们的家世对他们后来的人生道路有着怎样的影响？

（二）怎样理解许劭对曹操"治世之能臣，乱世之奸雄"的评语？

汝颍多奇士

曹操自领兖州牧，大破青徐黄巾，组建"青州兵"，终于打出一片天地。这期间曹操所依赖的，主要是来自沛国谯县的曹氏、夏侯氏宗亲兄弟，他们基本上都是能征善战的武将，史学家将其称为"谯沛武人"。但是仅有武将是远远不够的，曹操要想在群雄纷争中胜出，需要智谋之士的辅佐，给他建言献策，为他制定战略战术。

曹操在起兵之初，就非常重视人才。当时他与袁绍有一番对话，袁绍问他："如果不能战胜董卓，我们该到哪里据守一方呢？"曹操反问："您有什么想法？"袁绍不假思索地说:"我想要南据黄河,北阻燕代之地,兼并戎狄的部众,然后再大举南下争夺天下。您觉得这个想法怎么样?"袁绍的规划,其实就是占据河北,以冀州为基业来争夺天下,后来他的确也是这么做的。但曹操的回答却跟袁绍不一样,曹操说:"我要任用天下所有有智谋、有武勇的人才,用道义来驾驭他们,这样就无往不胜了。"从这番话中可以看出,曹操的眼光和境界比袁绍高出不少,袁绍只在乎争夺地盘,曹操则看到了人才背后的巨大力量。

曹操从立足东郡开始,就开始广罗人才,一批当时最杰出的谋士开始陆续加入曹操的阵营,他们大多来自颍川郡,因此史学家将其称为"颍川谋士"。

颍川郡,大致在今天河南中部的许昌、平顶山一带,它和毗邻的汝南郡一直以盛产豪门世家、奇才名士而著称,故而有"汝颍多奇士"之称。之前讲到的袁绍家族、"月旦评"的主持者许劭都出自汝南郡。而颍川郡更是人才济济,在东汉桓帝时期,颍川有四位名士出任地方县长,他们是:颍阴县的荀淑、舞阳县的韩韶、许县的陈寔(shí)和长社县的钟皓。这四位品德高尚,为政清廉,成为当时士人心中的楷模,被称为"颍川四长"。他们的子侄受到家门的熏陶，也都是才俊之士。但是经过桓、灵年间的"党锢之祸"，以及随后而来的乱世，这些名门望族都受到了很大的打击，其中的有识之士，就开始思索怎样发挥自己的才能以匡扶汉室。

荀彧的选择

颍川谋士中最有代表性的人物，就是荀淑的孙子荀彧（yù）。荀淑培养了八个儿子，人称"荀氏八龙"，荀彧是"八龙"中的老二荀绲之子。荀彧字文若，他小的时候，南阳名士何颙（yóng）就看出他的潜质，评价他为"王佐之才"，意思是，他将来可以成为像姜子牙、张良那样辅佐帝王成就大业的人。黄巾之乱时，颍川成为重灾区，年轻的荀彧就对父老乡亲说："颍川是四战之地，天下有变的时候，这里就会成为兵争要地，不宜久留，我们应该赶紧搬走。"可是人们眷恋故土，没几个人听他的。当时刚好冀州牧韩馥派人来迎荀彧，他就带着族人北上去了冀州。事实证明他的决策是正确的，后来董卓的西凉军在颍川到处劫掠，留下来的乡亲很多都被杀害了。

荀彧来到冀州，正遇上袁绍入主冀州，荀彧于是成了袁绍的座上宾。袁绍是汝南人，对汝、颍人士很重用，帐下已经有不少颍川人士，比如郭图、辛评，以及荀彧的哥哥荀谌。但是荀彧观察了一阵，发现袁绍这个人不能成大

事，于是他做出了一个重要决定，离开冀州，渡河南下，去东郡投奔了曹操。曹操一见荀彧，就高兴地说："您就是我的张良啊！"当时曹操身边正缺谋士，就这样，荀彧成了曹操的首席谋士，曹操遇到什么问题都会咨询他。

荀彧对曹操的意义，还在于他是一个杰出的"首席人

力官"，他来到曹操手下后，陆续给曹操举荐了许多人才，比如他的侄子荀攸，以及同乡郭嘉。这两人都是当时首屈一指的谋士，施计用兵可谓神鬼莫测。还有同样出身颍川的钟繇（yáo），后来曹操让他镇守关西，镇抚一方，他还是个大书法家，被誉为"楷书之祖"。陈群同样来自颍川，他后来为曹魏政权设计了选拔人才的新制度——九品中正制，我们后面还要具体讲到。

这些谋士的到来，大大丰富了曹魏集团的人才结构，"谯沛武人"与"颍川谋士"成为曹操后来纵横天下的左膀右臂。

兖州之叛

荀彧等人来到曹操的阵营没多久，就帮助曹操化解了一场危机。

公元 193 年，曹操派人去琅琊郡接自己的父亲曹嵩，但曹嵩途中却被徐州牧陶谦的手下张闿截杀，财物也被抢劫一空。

汉末的徐州，并不仅仅是现在的江苏省徐州市，而是现在山东南部、江苏中北部这一大片土地，刘邦曾在这里发迹，项羽曾在这里建都。这里百姓殷实，交通便利，历来是兵家必争之地，而且徐州与兖州接壤，曹操早就想吞并它了。父亲被杀，正好成为曹操发兵的理由。于是曹操率领大军攻打徐州，连下十余座城池，陶谦根本不是敌手。

但这时候，曹操却犯了两个错误，一是由黄巾军收编而来的"青州兵"军纪比较差，途经的地方常常杀人、劫掠、屠城，让曹操的军队声名狼藉；二是曹操杀死了一位兖州名士边让，而原因仅仅是边让讽刺批评了曹操，这样一来，曹操刚占领的大后方兖州人心浮动，特别是兖州的一些郡守和名士开始对曹操产生怀疑。

其中有一名东郡人陈宫，是曹操早期的谋士，而且在曹操取得兖州的时候出了很大的力。但因为边让之死，他对曹操彻底失望，于是就去说服陈留太守张邈反抗曹操。

张邈之前是讨董联军中的一员，早年跟袁绍、曹操关系非常好。曹操早期起兵没有地盘的时候，曾寄居在张邈的陈留郡，他还曾经对自己的妻小说："如果有一天我战死了，你们就去投奔张邈，他一定会善待你们的。"可是，如今曹操一跃成为兖州牧，反而成了张邈的顶头上司，张邈心里有些不平衡。后来张邈得罪了袁绍，袁绍非常骄横，让曹操替他杀了张邈，但曹操不从，反而责备袁绍说："张邈是我们的好朋友，无论他有什么过错都请包容他。如今天下大乱，我们可不能自相残杀啊。"张邈得知后，很感激曹操。但他看到曹操越来越壮大，而且与袁绍处于联盟状态，非常担心曹操迟早要对自己动手，内心更加恐慌了。

陈宫正是看中张邈的心理，怂恿他："现在您拥有这么多土地和士兵，却处处受制于人，不是有损您的身份吗？现在曹操东征，兖州空虚，正是好机会啊！"张邈担心自己力量单薄，陈宫又出了一个主意："吕布骁勇善战，可以请他来共同占据兖州。"张邈便同意了。

自从吕布率领残部从长安逃出来后，就一直是一支流浪军，先后依附过袁术、张杨、袁绍等诸侯，但他们知道吕布反复无常，没有信义，都不能真正重用他，袁绍甚至还想除掉吕布。吕布正在走投无路的时候，突然得到张邈的召唤，自然是大喜过望。

公元 194 年四月，张邈联合吕布在兖州发动针对曹操的叛乱，一时间许多郡县都纷纷响应。

当时曹操出征在外，留荀彧与另一位谋士程昱留守鄄（juàn）城（今山东鄄城）。荀彧和程昱手上兵马不多，而且曹操家眷都在鄄城，形势非常危急。张邈为了拿下鄄城，派了一个使者去见荀彧，骗他说："吕布将军来帮助曹公攻打陶谦，快快开城为他供给粮草吧。"荀彧一眼就看出是张邈在作乱，并没有上当，而是严整军队和兵器，加强守卫，并且召唤大将夏侯惇前来救应。夏侯惇到来后，当晚诛杀了数十名叛变者，才将鄄城稳定下来。荀彧又和程昱商议，让他去稳定范城、东阿。于是在整个兖州都陷入叛乱的时候，只有这三座城池始终掌握在曹操手中。曹操从徐州回师，非常赞赏荀彧和程昱的功劳。

濮阳之战

平定兖州叛乱后，曹操与吕布在濮阳（今河南濮阳）展开了一场艰难的战争。战争初期对曹操很不利。当时濮阳城内有一个田姓大户被吕布收买，假意给曹操传信愿做内应，诱使他进城。曹操一进城，吕布就焚烧东门，截断曹操退路，并包抄夹击。曹军大败，曹操在逃奔途中被吕布的骑兵抓获。但骑兵不知道他是曹操，问他："曹操在哪里？"曹操随手向前一指，说："前面骑黄马的就是。"这才逃过一劫。

曹操和吕布相持了一百多天，双方粮食都用尽了，只得各自收兵。当时袁绍和曹操保持着联盟关系，袁绍表示愿意支援曹操，但条件是让曹操把家属送到袁绍的大本营邺城去。曹操知道，这样等于让自己的家属做人质，从此将受制于袁绍，便拒绝了。

一年后，曹操重整旗鼓，再度展开收复兖州的战争。他先后在定陶、巨野击败吕布。正在这时，徐州牧陶谦去世了，曹操又想掉转军马去夺徐州。荀彧替曹操做出了准确的判断，他说："以前汉高祖据关中，汉光武帝据河内，都是先扎牢了根据地才平定天下的。兖州是天下的要地，就是您的关中、河内，如果舍弃兖州去攻打徐州，万一徐州打不下来，兖州又丢了，那该怎么办呢？"

荀彧一席话让曹操顿时醒悟。曹操根据荀彧的建议，抢先收割春麦，解决粮食问题，然后用伏兵击败了吕布、陈宫。吕布屡战屡败，只得带残兵往徐州逃去。曹操趁势将张邈的残余势力围困在雍丘（今河南杞县）。当年十二月，曹操攻破雍丘，张邈之弟张超自杀，张邈在逃奔袁术的路上为部下所杀。

曹操通过一年多的征战，成功夺回了兖州，并且进一步将势力拓展到豫州。此时的曹操，有了更为宏大的目标，他将目光投向了已经被关东诸侯遗忘多年的汉献帝。

❀ 思 考 ❀

（一）以荀彧为代表的"颍川谋士"为曹操集团的壮大起了哪些作用？

（二）荀彧为什么说，兖州是曹操夺取天下的根本？

第三节 奉天子以令不臣

袁绍谋立新君

自从汉献帝西迁长安后，朝廷就一直被凉州武人把持着，先是董卓，然后是李傕、郭汜。当年打着"匡扶汉室"口号的关东诸侯们这时候忙着争夺地盘，划分势力，打得不可开交，完全顾不上管长安那个小皇帝了。汉献帝就这样过了五年的傀儡生涯。

在这期间，确实也有人想打皇帝的主意，那就是袁绍。但他自知没法从董卓手中夺回汉献帝，就索性提出了一个设想。他说，现在这个汉献帝反正是董卓立的，我们干脆不承认他，重新在东边立一个皇帝。公元191年，也就是讨董联军还在与董卓作战之时，袁绍就和韩馥炮制了一个方案，准备拥立汉室宗亲、镇守幽州的大司马刘虞为帝。

这一提议首先遭到了曹操的反对。曹操说："如今幼主弱小，被奸臣董卓掌控，但皇帝本人没有犯什么错误，一旦擅自更立新君，天下怎么安定呢？诸君都向北去迎奉新君吧，我可要往西救天子去了。"袁绍在曹操这里碰了个钉子，又写信给袁术，希望他能够支持自己。在信中，袁绍甚至污蔑汉献帝血统有问题，而且把叔父袁隗一族被董卓屠杀的事情安在汉献帝头上，说："我们袁家身负着国仇家恨，这样的皇帝我们还怎么去朝拜呢？"但是袁术也并不买袁绍的账，直截了当地回信说："如今不去讨伐国贼董卓、为家族雪耻，反而想着另立新主，实在是匪夷所思。我袁术一片忠心，志在消灭董卓，不懂得其他事情。"

袁绍为什么要另立刘虞？因为刘虞是一位仁厚长者、名望很高，而且又位于袁绍的势力范围河北，方便袁绍控制。而袁术的反对，只是因为他不想让袁绍因为拥立新君而从此坐大，袁术自己早就有做皇帝的野心了。

最尴尬的是，这件事情闹到最后，甚至连刘虞本人都拒绝当皇帝。刘虞对袁绍派来劝进的使臣厉声呵斥，称这一行为完全是谋反篡逆，陷忠臣于不义。为了自证清白，刘虞甚至表态，要放弃官职出奔匈奴。袁绍只好放弃了这个计划。

但这场未成行的另立新君闹剧为刘虞带来了无端灾祸。两年后，公孙瓒为了夺取幽州，诬陷刘虞欲谋帝位，将他杀死在蓟县闹市中。公孙瓒的崛起对袁绍构成了最大的威胁，为了夺取河北的霸权，袁绍与公孙瓒展开了持续多年的混战，河北百姓深受苦难，土地大面积荒芜。粮食困难的时候，袁绍的士兵只能靠吃桑椹来填饱肚子。

坎坷的东归

在袁绍与公孙瓒争夺河北的同时，袁术也与新据徐州的刘备打得不可开交，这正好给了曹操发展的良机。

早在曹操刚担任兖州牧时，治中从事毛玠（jiè）就向曹操提出了"奉天子以令不臣"的建议。他认为天下大乱之际，虽然有像袁绍、刘表这样兵多地广的军阀，但是他们只是在抢夺地盘，没有长远的考虑。而迎奉天子可以让自己站在道义的一方，这就叫"兵义者胜"。手中有了天子，东征西讨，都可以打着"王师"的名义，凡是不服从于你的，都可以被你贴上"不臣"的标签，这就占据了舆论的优势，霸业也就可以成功了。

毛玠的话很合曹操的心意，但当时曹操刚在兖州立足，还没有力量去西边讨伐李傕、郭汜，救出天子，但他派心腹王必为使者前往长安通使，恢复了对天子的朝贡。汉献帝也就开始格外留意曹操。

公元195年，李傕、郭汜两人互相猜疑，在长安城内展开了混战。李傕劫持了汉献帝，郭汜劫持了公卿大臣。这场混战让原本就深受凉州军阀压榨的长安百姓遭受更多苦难，关中一片萧索，遍地白骨，庄稼颗粒无收，甚至发生了人吃人的惨剧。好几个月后，李傕和郭汜才在另一名凉州军将领张济的调解下暂时收兵，放出汉献帝和公卿大臣。

但这时候，长安已经没有办法居住。七月，汉献帝在董承、杨奉等将领的护送下东归洛阳，试图摆脱李傕、郭汜的控制，但汉献帝一行刚离开不久，李傕、郭汜、张济就意识到不对头，于是又合起伙来率兵追击。汉献帝一行边打边跑，狼狈不堪，一路跌跌撞撞，吃尽苦头，终于在公元 196 年的七月回到洛阳。但是由于当年董卓的焚毁，此时的洛阳依旧是一片残垣断壁，根本无法作为国都。由于缺粮，公卿大臣们一个个都饿着肚子，尚书郎以下的官员不得不自己外出采野谷吃，更有的在路上就饿死了。

曹操迁都许县

袁绍原本很有机会将献帝控制在手中。汉献帝一行被

李傕、郭汜击败后，曾一度渡河北上来到河东郡暂避，距离袁绍的领地冀州已经非常近了。当时袁绍的谋士沮授就建议袁绍趁机将汉献帝迎到自己的大本营邺城，"挟天子以令诸侯，蓄士马以讨不庭"，如果这样的话，天下就没有谁是袁绍的对手了。但沮授的提议遭到郭图、淳于琼的激烈反对，他们认为汉室气数已尽，天子的号令也没人听从，如果将天子迎来，做什么事都得向天子表奏，反倒束缚住了自己的手脚。袁绍为此犹豫不决。

与此同时，曹操阵营中对迎奉天子也有争议。有人认为山东还没有平定，韩暹、杨奉等汉献帝身边的将领很难控制。但荀彧站出来对曹操说："现在天子颠沛流离，而将军您素来心怀王室，以匡扶社稷为志向。如果能抓住时机迎奉天子，那么就顺从了民心，震慑了诸侯，还能招揽更多的人才为您效力。一定要当机立断，否则就后悔莫及了。"

恰好这时，一路护送汉献帝回到洛阳的董承、杨奉、韩暹等人为了争权夺利，也闹起了矛盾。董承为了驱逐杨奉与韩暹，派人召曹操前来。曹操得到消息非常惊喜，火速赶到洛阳救驾，向汉献帝表达忠心。汉献帝立即授予曹操假节钺、司隶校尉、录尚书事。因为洛阳残破，曹操采纳谋士董昭的建议，将汉献帝迁到许县（又称许都，曹丕称帝后改名许昌，即今河南许昌），在此兴建宫室。从此，许都成为东汉最后二十五年的国都。

汉献帝迁都许县，标志着曹操正式总揽朝政，掌握大权，开始了"奉天子以令不臣"的生涯。这当然引起了袁绍的不满，他要求曹操将天子迁到靠近自己领地的鄄城，但曹操不仅没有答应，还以天子的名义下诏书斥责袁绍私封将领，不尊王命。但当时袁绍的势力远远大于曹操，曹操还不敢得罪袁绍，他将汉献帝授予自己的大将军让予袁绍，自己任司空，居于袁绍之下。

屯田制

由于长期战乱，土地荒芜，人民流离，粮食短缺成为几乎所有割据势力的"老大难"问题。为了彻底解决这个问题，曹操在迁都的同时，采纳枣祗（zhī）、韩浩的建议，在许都附近推行了屯田制。

> 　　曹操任命枣祗为屯田都尉，任峻为典农中郎将，广泛招募各地流民，以军事组织的形式将他们编为屯田民，由政府提供土地和农具，获得的收成则由政府和屯田民按比例分成。用官牛的，官民四六分成，不用官牛的五五分成。这种屯田叫民屯。后来曹操还组织了一部分军队在不打仗的时候，一边驻守，一边屯田，称为军屯。

　　屯田制施行后，一年就收获谷物百万斛，后来又逐步推广到其他地区。屯田制的推行，将失去土地的农民和荒芜的土地结合起来，对北方的生产恢复发展以及社会安定，有一定的积极意义，也为后来曹操的南征北战提供了稳定的粮食保障，让曹魏政权在北方稳固下来。

袁术称帝闹剧

　　在汉献帝颠沛流离的同时，割据淮南的袁术看到天子一路流亡，认为汉室气数已尽，开始紧锣密鼓地准备称帝的闹剧。

当时的人们都迷信谶（chèn）纬之术，就是一些古籍中传下来的神秘话语，从中解读出某种预言。有一本叫《春秋谶》的书，其中有一句预言："代汉者，当涂高也。"这句话流传很广，影响很大，但谁都不知道"当涂高"是什么意思。袁术就解释说，"术"是城邑里的道路，"公路"（袁术的字）也是道路，而"当涂高"也是指的道路（"涂"通"途"），与他的名和字都吻合了，这就预兆着老天要让他代替刘氏当皇帝。但其实，这完全是袁术一厢情愿的解读，"当涂高"其实指的就是"当权的大人物"，也就是权臣。权臣窃国是历史上的常见现象，说汉室要被权臣所取代，这根本不算什么预言。

公元197年，袁术在寿春（今安徽寿县）自立为帝，国号仲氏，置公卿百官，郊祀天地。但他的这一举动为他引来一片骂声，让他成为众矢之的。

当时曹操刚将天子迎到许都，正准备表现一下，袁术恰好给了他这个机会。同年九月，曹操宣布袁术罪状，发兵南征，大破袁术，斩其四将。袁术夺路而逃，而淮南在袁术残暴的统治下，已经是一片残破，天怒人怨。连曾经依附他的孙策，也声明与他断绝关系。

两年后，袁术已经众叛亲离，孤立无援，只好烧掉了皇宫，准备北上投奔冀州，将帝位送给袁绍。但北上的道路早就为曹操所阻，不久，袁术在寿春郊外的江亭断粮。他坐困于地，大声喊着："我袁术怎么落得个这样的下场！"最终呕血而死，结束了自己的皇帝梦。

❀ 思 考 ❀

（一）袁绍、袁术、曹操对于汉献帝分别持怎样的态度？态度的不同最终对他们三人带来怎样的影响？

（二）曹操在许县推行屯田制的措施是什么？对曹操集团有怎样的意义？

官渡之战

吕布的败亡

迎奉天子之后，曹操开始逐一征讨周边的割据势力，拓展自己的领地。

公元 198 年，曹操东征徐州，向这块梦寐以求的土地再度发起进攻，而他的敌人，依旧是老对手吕布。

吕布自从被曹操赶出兖州后，流亡到了徐州。徐州的统治者也出现了变化。徐州牧陶谦死后，当地豪族推举平原相刘备为徐州牧。吕布投奔刘备后，对刘备很敬重，还跟刘备称兄道弟。刘备见吕布言语无常，表面上同意收留他，实际内心对他很是反感。果然，吕布不甘心寄人篱下，趁着刘备和袁术交战，袭取了徐州的治所下邳（今江苏睢宁），自领徐州牧。就这样，吕布反客为主，在徐州重新成为一股割据势力。

吕布不过是一介武夫，没有远大志向，他的身边虽然有陈宫替他谋划，但他刚愎自用，对陈宫并不充分信任。曹操为了安抚吕布，以朝廷的名义封他为左将军。吕布很是欢喜，派陈登去许都向曹操谢恩。陈登是徐州本地的大族，表面为吕布效力，实际上早就心向曹操。于是他趁机对曹操说，吕布有勇无谋，应该早点除掉他，以绝后患。曹操也赞同地说："吕布狼子野心，的确不能长久地养着，还是您最了解这一点啊。"于是曹操拜陈登为广陵太守，临别时嘱托他："东边的事情就托付给您了。"陈登回到徐州后，就暗地里组织兵马，充当曹操的内应。

吕布反复无常，一会儿帮着曹操打袁术，一会儿又和袁术联合对付曹操。他起初将兵败的刘备安置在小沛，但后来又与刘备闹矛盾，将刘备逐出小沛。曹操派夏侯惇增援刘备，却被吕布的大将高顺击败。曹操于是决定亲征吕布。吕布虽然骁勇善战，但是没有谋略，而且对部下多有猜忌，因此屡战屡败，最后只能困守下邳。

　　下邳易守难攻，曹操围攻了三个月都不能破城，士卒疲惫不堪，曹操有了回师的打算。这时，曹操的谋士荀攸和郭嘉劝说曹操："吕布有勇无谋，如今屡战屡败，锐气已衰，士气不振，陈宫虽然有谋，但不能为吕布用，如今之计，应当一鼓作气，将下邳攻下。"曹操采纳了二人之计，掘开沂水、泗水淹城。一个月后，吕布部将宋宪、魏续等献城投降，吕布被曹军生擒。

　　曹操与刘备商议如何处置吕布。吕布还想求饶，对曹操大言不惭地说："明公的心头之患不过就是吕布，如今我已经臣服，天下就再没有忧虑了，以后明公统率步兵，让我吕布统率骑兵，天下可定。"曹操问刘备的意见，刘备说："明公忘了丁原和董卓的事了吗？"刘备这是在提醒曹操，吕布反复无常，毫无信义，将来必定会反叛。曹操点了点头，令人绞死了吕布。随后，曹操又杀了陈宫、高顺，但收降了吕布手下的一员猛将张辽。张辽后来为曹操立了许多战功，成为曹营"五子良将"之首。

招降张绣

消灭了东边的吕布、袁术后，曹操还于公元199年成功劝说张绣归降，解决了南面的威胁。

张绣是董卓旧部张济之侄，张济死后他便统率其部曲，而此前为李傕、郭汜献策乱长安的贾诩也投在张绣手下效力。张绣占据宛城（今河南南阳），距离许都很近，多次联合荆州牧刘表袭扰曹操的南方，成为曹操的心头之患。曹操几次征伐张绣都以失败告终，尤其是公元197年那次，张绣先投降，后又反叛，夜袭曹营，让曹操遭遇惨败，爱将典韦、长子曹昂、侄子曹安民都丧于此战。

按常理来说，张绣和曹操已经结下血海深仇，肯定无法化解。张绣一开始也是这么想的，因此当袁绍来招降他时，他就想投奔袁绍。但贾诩劝他说，投奔袁绍，不如投奔曹操。张绣大惑不解。贾诩给出了三条理由：一、曹操奉天子以令天下；二、袁绍强盛，必不能容我们，而曹操相对弱小，更需要我们；三、曹操有称霸天下的志向，一定会舍弃私怨而顾全大局。张绣听从了贾诩的话，率众投奔曹操，果然得到了曹操的厚待。曹操握着贾诩的手说：

"是您让我布信义于天下啊。"此后，贾诩也成为曹操手下的重要谋士。

西边，曹操派裴茂率关西诸将诛杀李傕，夷其三族，郭汜则为其部将所杀。曹操又用荀彧之策，表钟繇为司隶校尉，怀柔关中，劝说关西军阀韩遂、马腾送质子入朝，保证了西边的稳定。曹操又派史涣、曹仁西击眭固，取河内。东边，曹操招安盘踞在青徐一带的贼寇首领臧霸，使之入主青州，以捍卫东方。公元200年初，曹操还解决了内部的一场未遂的叛乱，诛杀了车骑将军董承及其同党，与董承同谋的刘备出奔徐州，又被曹操击溃，亡命汝南。

至此，曹操基本扫清了东、南、西三个方向和许都内部的威胁。而在黄河以北，袁绍也击败了宿敌公孙瓒，坐拥青、幽、冀、并四州，又联合了北方乌丸部族，兵多粮广，战将云集。曹操与袁绍争夺北方霸主的对决终于到来了。

四胜四败论

当时，袁绍在军事上处于绝对的优势。曹操对是否能够战胜袁绍并没有信心。在这个关键时刻，荀彧从用人、谋略、法度、德行四个方面对曹操和袁绍进行比较，认为曹操有四胜，而袁绍有四败，史称"四胜四败论"：

用人方面，袁绍表面宽厚，但猜忌心很重，任用人才却又多疑；而曹操不拘一格，唯才是举，这叫作"度胜"。

谋略方面，袁绍遇事迟疑，缺乏决断，常常会失去有利战机；而曹操能够当机立断，随机应变，这叫作"谋胜"。

法度方面，袁绍治军法令不明，士兵虽多，但是难以得到有效调度；而曹操治军令行禁止，赏罚分明，士兵虽少，但是个个好勇争先，这叫作"武胜"。

德行方面，袁绍凭借家世，沽名钓誉，所亲近的都是那些有虚名却没有实际本领的人；而曹操以诚待人，谦虚谨慎，对有功者不吝赏赐，因此麾下聚集了很多忠勇之士，这叫作"德胜"。

曹操有这"四胜"，再加上"奉天子以令不臣"的正义性，袁绍就算再强大，也终会被击败的。

荀彧的这段分析，虽然不乏对曹操的溢美之词，但非常精辟地指出了袁绍与曹操的差距，并在曹、袁的多次交锋中一再被证实。比如在官渡之战前，曹操东征刘备，许都空虚，当时袁绍的谋士田丰就劝袁绍抓住时机奇袭许都，但是袁绍却因为宠爱的幼子生病，无心政事，白白错过了这个机会。等到曹操击走刘备，返回许都，袁绍却要攻打曹操，田丰劝他说，曹操现在已经有所防备，如今之计应该是对内发展生产，对外派兵不断袭扰，逐渐削弱曹操的力量，而不可能通过一次战役解决问题。袁绍却又不听，反而将田丰抓入了大牢里。

　　袁绍出兵后，袁绍的另一名谋士沮授就预言，曹操虽然兵少，但有知人之明，又有天子在手，而袁绍刚击败公孙瓒，士卒疲惫，将帅们又非常骄傲自大，这场战争注定会失败。

斩颜良诛文丑

　　公元 200 年二月，袁绍出兵黎阳，派遣大将颜良渡过黄河，围攻曹操手下的东郡太守刘延于白马（今河南滑县）。袁曹大战的序幕拉开了。

　　曹操采纳荀攸的声东击西之计，避开袁军精锐，将大部队集于延津（今河南汲县），做出要渡河袭击袁绍后方的态势。颜良果然中计，分兵去救延津，而曹操又突然掉转兵力，用轻骑向白马袭击。颜良没有防备，仓促应战，当时刘备的部将关羽暂居曹操帐下，他主动请命，一马当先冲入敌营，将颜良刺落马下，斩首而归。

袁绍听闻颜良战败，又派大将文丑渡河来攻，曹操果断放弃白马，佯装向延津撤退。文丑贸然追击，曹操又用荀攸之计，派人将马匹、辎重散落在地为诱饵，文丑军果然哄乱抢夺，曹操趁机指挥骑兵冲锋，仅用不到六百名骑士又大破袁军，斩杀文丑。

> 需要注明的是，在小说《三国演义》中，关羽"斩颜良、诛文丑"的故事脍炙人口，但在正史记载中，关羽仅斩杀了颜良，文丑则是死于乱军之中，后代的小说家将"诛文丑"的战功也记在了关羽身上。

白马、延津之战，印证了此前荀彧对曹操优势的判断。曹操善于采纳荀攸的计策，采取灵活的用兵策略，集中优势兵力攻其不备，以少胜多。而袁绍虽然兵多将广，但是在统兵与谋略上远远不能与曹操相比。颜良、文丑都是河北名将，他们先后被斩，重挫了袁绍大军的士气。

但这两战后，曹操与袁绍的兵力依然相差悬殊，袁绍集结了精兵十万及上万匹战马，而曹操的军队需要防守各方，能够调集到前线的不过三四万人。于是曹操决定将主力部队回撤到官渡（今河南中牟），在这里与袁绍决战。官渡距离许都较近，而距离袁绍的主营邺城较远，这样就无形中拉长了袁绍的补给线，暴露了袁军的软肋。

奇袭乌巢

袁绍与曹操在官渡相持两个多月，袁绍凭借着兵多将广，数次向曹军发动攻击，曹操则深沟高垒，防守营地，以待时机。袁绍筑起土山箭楼，向曹营内射箭，曹操就研发投石车，将袁绍箭楼击毁。袁绍想通过地道袭击曹营，曹操就派人在营外挖沟堑以阻拦。这样日子一久，曹操的军粮出现短缺，形势十分困难，曹操甚至动了退兵的想法。

但当时镇守许都的荀彧写信劝说曹操坚持下去。荀彧认为，官渡之战的胜败关乎全局，绝不可以退让，形势很快就会有变化，正是用奇计的好机会。

　　果然，官渡前线很快发生了变数。袁绍手下有一名谋士叫许攸，向袁绍献计派兵奇袭许都，但袁绍傲慢不听。

恰在此时，许攸的家人在邺城犯法，被留守邺城、与许攸有旧怨的审配捉拿。许攸一气之下，星夜投奔了曹操。曹操听说许攸来投，大喜过望，连鞋子都没顾得上穿，光着脚出帐迎接，说："许攸来，大事一定能成功了！"

许攸到曹营后立即向曹操献了一条击败袁绍的妙计。

他说，袁绍从河北运送来的一万车粮食，都储存在四十里外的乌巢，而守将淳于琼又是个无能之辈，如果奇袭乌巢，截断袁军粮草，袁军必乱。曹操采纳许攸之计，留曹洪、荀攸留守大营，亲率五千轻骑去袭击乌巢，一把火烧了袁绍所有的粮草辎重。

袁绍得知乌巢有失，大为慌张，连忙召集谋士将领商量对策。然而这时却有两种不同意见，将军张郃（hé）主张立即派兵援救乌巢，谋士郭图却主张趁机偷袭曹营。袁绍又犯了不能决断的毛病，最终分兵两路，一路救乌巢，一路劫曹营，结果曹操早有防备，袁绍这两路援兵都被曹军击败。张郃、高览为郭图谗言中伤，索性也投降了曹操。至此，袁绍败局已定，只带着儿子袁谭和几百名骑兵逃回河北。

官渡之战是中国历史上著名的以少胜多的战役，为曹操平定北方奠定了基础。曹操的取胜，固然有一些偶然因素，比如许攸的投降，但也和袁绍、曹操两名主帅的性格分不开。袁绍做事犹豫，不善决断，不纳忠言，不善用人，而曹操做事杀伐决断，具有相当的果敢和勇气，手下的谋士又屡献奇谋。因此，后来诸葛亮在"隆中对"中这样解释这场战争的胜负原因：不仅是因为天时，也是凭借着"人谋"（"非惟天时，抑亦人谋也。"）。

❀ 思 考 ❀

（一）为什么神勇无双的吕布在群雄纷争之中早早出局了？

（二）曹操在与袁绍决战之前做了哪些准备？

（三）曹操的兵力不如袁绍，为什么能够取得官渡之战的胜利？

平定河北

第五节

袁氏的分裂

　　袁绍的连连失误，一再印证着此前谋士田丰的预见。袁绍在官渡兵败后，有人对狱中的田丰说："当时主公没有听您的，才有今日之败，主公回来后一定会重新重用您。"田丰却悲观地说："主公表面宽厚，但实际猜忌心很重，他如果得胜回来，高兴之余也许会赦免我，但他如今打了败仗，我肯定没有活路了。"果然，袁绍很怕田丰耻笑他，与田丰有矛盾的谋士逢纪又趁机向袁绍进谗言，说田丰听到袁军败退后非常得意。袁绍于是派人杀了田丰。

　　由此可见，袁绍手下谋士虽多，但他并不能辨明忠奸，从善如流。而这些谋士之间又互相争权夺利，钩心斗角，不能相容，如官渡之战的关键变量，就是许攸和审配的矛盾所致。这种内耗在官渡之战后不仅没有得到遏制，反而变本加厉，并演变为袁绍诸子间的夺嫡大战。

此前，袁绍占据河北四州之地，以长子袁谭为青州刺史，次子袁熙为幽州刺史，外甥高干为并州刺史，将幼子袁尚留在身边。显然，袁绍偏心袁尚，准备培植他作为自己的嗣子。这引起了袁谭的不满。官渡之战两年后，即公元202年，袁绍在邺城病逝，他手下的谋士立即分裂成两派，以审配、逢纪为首的谋士扶植袁尚在邺城即位，自领冀州牧。而郭图、辛评等人则依附袁谭，在黎阳与袁尚分庭抗礼。

袁氏兄弟的分裂，对曹操来说可谓千载难逢的良机。当年九月，曹操出兵黎阳，围攻袁谭，袁尚出兵援救，被曹操击败，退守邺城。当曹操正要一举拿下邺城时，郭嘉劝说曹操："二袁不和，各树党羽，如果相逼太急，他们就会团结一致；如果我们这时候暂且撤军，做出南征刘表的姿态，他们就会火并，那时候我们趁机出击，就可以一举消灭袁氏。"曹操认可郭嘉的策略，撤兵回到许都。果然如郭嘉所料，曹军一走，袁谭与袁尚便起了争执，而且大打出手。袁谭不敌袁尚，撤往平原，并派辛评的弟弟辛毗（pí）向曹操求救。

辛毗跟荀彧、郭嘉一样，也是颍川人士，他看到二袁相争，早就对袁氏政权失去了信心，于是他到了许都，反而为曹操出谋划策。他说："如今二袁连年征战，百姓困苦，这是上天要灭亡袁氏。以曹公的威力去攻打袁氏，就跟秋风扫落叶一样容易。如今袁谭来求和，正是天赐良机，千万不要失去了。如果平定了河北，就能震慑天下了。""秋风扫落叶"这句常用语就是从这里来的。

郭嘉、荀攸都支持北伐袁氏的建议。于是曹操亲率大军北上，趁袁尚率兵离开邺城与袁谭相争时，将邺城团团围住。袁尚急忙引兵来救，却被曹操击败。邺城城墙坚固，曹操采取了各种方法都不能破城，于是曹操派人挖了一条壕沟，引漳水灌城，城中缺粮，死伤大半。最终，审配之侄审荣开城投降，曹操杀掉审配，控制了冀州。

曹操得到邺城后，又马不停蹄地向东征讨袁谭，斩袁谭于南皮。并州的高干起初归降曹操，但不久又叛变，据守壶关。曹操又亲征高干，攻陷壶关，高干南投刘表，途中被捕杀。袁尚、袁熙则在节节败退后，向北投奔辽西乌桓。此外，长期盘踞太行山一带的"黑山贼"首领张燕、在幽州拥有一定势力的刘虞旧部鲜于辅等都纷纷向曹操归降。至此，袁绍此前统治的青、幽、冀、并四州的广大地盘大多为曹操占据。

兵贵神速

袁尚、袁熙带领袁氏残余势力投奔乌桓，让乌桓成为曹操面临的一个大麻烦。

乌桓，又作乌丸，原为东胡的一支。秦汉之际，东胡为匈奴所灭，这一支系迁至乌桓山，从而因山为名。两汉之时，乌桓向汉朝称臣，并且逐渐南迁至如今的辽宁西南部和河北北部一带，汉朝设置护乌桓校尉对他们进行管辖。到了东汉末年，乌桓主要有辽西、辽东、右北平等部族，他们擅长骑射，骁勇善战，经常袭扰汉朝的东北边境。后来汉朝派遣公孙瓒、刘虞等官员前去镇抚，才暂时将乌桓稳定下来。

到了汉末群雄纷争之时，乌桓又再度兴起。辽西乌桓首领蹋顿统一了三郡乌桓，并且协助袁绍消灭了公孙瓒，和袁氏关系密切。因此，二袁投奔乌桓，在曹操看来始终是一个隐患。

公元 207 年，曹操打算发兵北征乌桓，但是遭到了许多将领的反对。他们认为，袁尚已经是丧家之犬，如果发兵远征，荆州刘备很有可能袭击许都。这时候，郭嘉站出来力排众议，说："袁氏对乌桓有恩，乌桓一定会帮助袁尚，对我们迟早是个祸患。而刘备依附于刘表，不能为刘表所用，不足忧虑。趁着现在乌桓没有防备，我们突然袭击，一定可以取得胜利。"

郭嘉看问题高瞻远瞩，而且切中要害。如果不彻底平定北方的隐患，以后曹操想要向南一统天下，就会顾虑重重。曹操立即亲自统军北征。曹军抵达易县时，郭嘉又献上了"兵贵神速"之策，他认为，讨伐乌桓路程较远，大军由于要携带补给辎重，行军非常缓慢，这样就会让乌桓提前得到消息，做好防备。而战争最重要的就是速度要快，所以不如派遣轻兵，昼夜兼程，打他个措手不及。

曹操遂用郭嘉之策，挑选了一支轻骑兵，并请来田畴作为向导。田畴是幽州本地人，因避乱率领宗族逃至徐无山里隐居，几年之内陆续有五千户百姓前来归附。田畴制定律法、兴办教育，将这个乱世之中的避风港治理得井井有条，连乌桓、鲜卑也不敢侵犯。袁绍曾经多次派人招田畴去做官，都被田畴拒绝，但曹操前来招抚，田畴立即就担任了曹操的参谋。他指引曹军，出卢龙塞，抄小路直扑蹋顿的主营柳城。曹军到柳城城外二百里时，蹋顿和袁尚才发觉，只得仓促出击，在白狼山与曹军交战。曹操以大将张辽为先锋，大破乌桓，临阵斩杀蹋顿，归降者足有二十万人。

袁尚、袁熙逃脱，又继续向东北投奔割据辽东的公孙康，公孙康不愿与曹操为敌，将二袁斩杀，将首级送予曹操。至此，袁氏残余势力全部消灭，河北基本平定。曹操将投降的三郡乌桓进行整编，打造成一支精锐的骑兵，成为后来为曹操征讨四方的劲旅。

但是在远征乌桓的途中，郭嘉身染重病，不幸于军中去世，年仅三十八岁。郭嘉是曹操最重要的谋士之一，也是曹操平定河北最大的功臣，他的早逝是曹操的巨大损失，让曹操哀痛不已。曹操对荀攸等人说："诸君都跟我是同辈人，只有郭嘉年纪最轻，我曾经还想过平定天下后，要将后事托付给他，没想到他年纪轻轻就去世了，这真是命啊！"后来曹操在赤壁兵败，还感叹："如果郭嘉还在，不至于让我遭受如此大败。"

邺城与建安文学

曹操平定冀州后，征召河北名士崔琰为别驾从事，他对崔琰说："我昨天查看了户籍，发现竟然得到了三十万的兵源，冀州真是个大州啊！"崔琰却冷冷地说："北方二袁相争，百姓遭难，您的王师到来，没听说施行仁政，救民于水火，反而对甲兵津津乐道，这难道就是我们冀州的老百姓对您的期待吗？"这话一出，周围人都为崔琰捏一把汗，曹操却立即向崔琰道歉。后来曹操让儿子曹丕留守邺城，还特意请崔琰做他的老师。

袁氏统治时期，河北豪强专横跋扈，兼并土地，老百姓负担很重。曹操颁发诸多命令，在河北减轻赋税，抑制豪强，奖励生产，稳定秩序，并选派良吏去河北郡县赴任。这一系列的举措，让河北迅速从战乱中恢复起来，为曹操打造了稳固的大后方。

　　邺城是袁绍经营多年的城邑，曹操占领邺城后，将邺城和邺城所在的魏郡打造成自己新的政治中心。此后曹操陆续将自己的官僚机构迁至邺城，而许都的汉献帝则被彻底架空。曹操对邺城进行了大规模的兴建，根据考古发现邺城呈东西长、南北略窄的方形，贯穿东西城门的大道将城北的宫城、衙署和城南的街市里坊分隔开来，宫城的正殿、正南门与全城的正南门（中阳门）规划在一条南北贯穿的中轴线上。这种北宫南市、东西干道贯通、中轴对称的城市布局是一种全新的都城规划，对后来的北魏洛阳城、隋唐长安城，明清北京城乃至日本平安京平城京都有深远的影响。

　　曹操还在邺城西北兴建了著名的"邺城三台"，即铜雀台、金虎台（后改名为金凤台）、冰井台。铜雀台和金虎台上都有房屋百余间，巍峨雄伟，冰井台则是一个庞大的仓库，储藏了大量冰块、煤炭、粮食、食盐等。由于历史变迁，邺城已毁于战乱和洪水，但在今河北临漳县仍保留着邺城三台的部分遗址。

　　邺城还见证了文学的兴盛。曹操平定河北后，在邺城聚集了众多文人，他们在铜雀台、西园经常组织文学活动，歌咏、吟诗、作赋、交游，创作了大量的诗赋文章，形成了一个文学的繁荣时期。因为当时东汉年号是建安，文学史上称这一现象为"建安文学"，或"邺下文学"。

建安文学的代表人物是"三曹"和"七子"，"三曹"

是曹操、曹丕、曹植父子三人，他们的诗歌风格各不相同，都取得较高成就。

曹操的诗歌慷慨悲凉、气韵沉雄，他的诗作或反映乱世百姓的苦难，或抒发自己的雄心壮志。他最著名的两首诗歌《观沧海》《龟虽寿》都写于平定河北期间。

《观沧海》是曹操在征伐乌桓得胜后，班师经过碣石山时，登山望海写下的诗句，诗中充满壮志豪情：

> 东临碣石，以观沧海。
>
> 水何澹澹，山岛竦峙。
>
> 树木丛生，百草丰茂。
>
> 秋风萧瑟，洪波涌起。
>
> 日月之行，若出其中。
>
> 星汉灿烂，若出其里。
>
> 幸甚至哉，歌以咏志。

《龟虽寿》是曹操组诗《步出夏门行》中的一首。平定河北时期，曹操跨过了五十岁的门槛，他感受到自己已经步入老年，而且终归会死去，但他在诗中激励自己，即便是年老的人也可以拥有远大的志向和抱负。"老骥伏枥，志在千里。烈士暮年，壮心不已。"这两句话，千百年来激励着人们不断奋进。

> 神龟虽寿，犹有竟时。

腾蛇乘雾，终为土灰。

老骥伏枥，志在千里。

烈士暮年，壮心不已。

盈缩之期，不但在天；

养怡之福，可得永年。

幸甚至哉，歌以咏志。

　　曹操常年在外征战，曹丕和曹植居守邺城，成为邺下文人的领袖。曹丕的诗作委婉悱恻，多以爱情、感伤为题材，他的代表作《燕歌行》是存世最早的七言诗。曹丕还是一名文学理论家，他在《典论·论文》一文中点评了建安时期七位文学家的文章优劣（即孔融、王粲、陈琳、应玚、刘桢、徐干、阮瑀），后来文学史将他们并称为"建安七子"。曹丕还将文学评价为"经国之大业，不朽之盛事"，大大提升了文学的地位。《典论·论文》也成为我国现存的第一篇文学批评专论。

　　曹植在五言诗上成就最高，他的诗作辞藻华丽，气势磅礴，《白马篇》是他前期诗歌的代表作。他在这首诗中热情赞颂了为国建功立业的游侠少年的形象，表达了他对建功立业的渴望：

> 白马饰金羁，连翩西北驰。
>
> 借问谁家子，幽并游侠儿。
>
> 少小去乡邑，扬声沙漠垂。
>
> 宿昔秉良弓，楛矢何参差。
>
> 控弦破左的，右发摧月支。
>
> 仰手接飞猱，俯身散马蹄。
>
> 狡捷过猴猿，勇剽若豹螭。
>
> 边城多警急，虏骑数迁移。
>
> 羽檄从北来，厉马登高堤。
>
> 长驱蹈匈奴，左顾凌鲜卑。
>
> 弃身锋刃端，性命安可怀？
>
> 父母且不顾，何言子与妻！
>
> 名编壮士籍，不得中顾私。
>
> 捐躯赴国难，视死忽如归！

　　曹植的诗赋作品还有《美女篇》《洛神赋》等。他的诗文成就之高，让他获得了"才高八斗"的美誉。但是因为他与曹丕争位失败，他的诗文风格也截然分为两段，前期意气风发，后期抑郁悲愤。（曹丕与曹植争位的故事，我们放到第四章再讲。）

曹丕所列的"建安七子"中，除了孔融不与曹操合作外，其余六人都成为曹操的幕僚，聚集于邺城，并成为曹丕、曹植的文友。

"建安七子"之中，王粲的成就最高，有"七子之冠冕"之誉。王粲从小就博闻强识，有一次他和友人同行，在路边遇到一座石碑，王粲只读了一遍，就能背诵出来，并且一字不差。后来北方战乱，王粲到荆州依附刘表，曹操至荆州后，王粲归附曹操，被曹操赐予关内侯的爵位。王粲亲身经历了战乱对百姓的摧残，在《七哀诗》中展现了他从关中南下荆州路上的见闻：

> 西京乱无象，豺虎方遘患。
> 复弃中国去，委身适荆蛮。
> 亲戚对我悲，朋友相追攀。
> 出门无所见，白骨蔽平原。
> 路有饥妇人，抱子弃草间。

顾闻号泣声，挥涕独不还。

未知身死处，何能两相完？

驱马弃之去，不忍听此言。

南登霸陵岸，回首望长安，

悟彼下泉人，喟然伤心肝。

"建安七子"中另一位知名度较高的陈琳最初是在袁绍手下任职，他曾经为袁绍撰写讨伐曹操的檄文，檄文中他历数曹操的罪状，把曹操的祖父、父亲都骂了个遍。据说当时曹操正患头风病，卧床不起，令身边人念陈琳的檄文给他听，结果越听越气愤，出了满头的汗，头风病居然奇迹般地好了。后来邺城为曹操所破，曹操并没有因为檄文的事情惩罚陈琳，反而欣赏他的文才，让他和阮瑀共同掌管记室，相当于机要秘书，曹操征战过程中许多重要的文书、檄文、表章都是出自他二人之手。

除了"三曹""建安七子"之外，建安文学中还有一名不能忽视的女诗人，就是蔡文姬。

蔡文姬，名琰，字文姬，她是大学者蔡邕的女儿。蔡邕被王允杀害，紧接着又有李傕、郭汜作乱关中，蔡文姬在乱世中无依无靠，被匈奴人掳掠而去，不得已嫁给了匈奴左贤王，在胡地流落了十二年之久，生了两个儿子。后来曹操平定北方，他与蔡邕有旧交，得知蔡文姬流落匈奴，就花重金将她赎了回来，并且将她嫁给屯田都尉董祀，让蔡文姬回归安定的生活。这就是"文姬归汉"的故事。蔡文姬是乱世的亲历者和受害者，她所作的五言长诗《悲愤诗》，叙述了自己坎坷的经历，痛诉了战乱给百姓带来的苦难。蔡文姬受到父亲的熏陶，精通音律，据说蔡邕弹琴时，故意将琴弦弄断，蔡文姬听声音就能够判断断掉的是第几弦。蔡文姬流落匈奴时，经常听到当地一种叫作胡笳的管乐声，音色十分凄凉，她据此写成了一首著名的琴曲《胡笳十八拍》，为中国古代十大名曲之一。

❀ 思　考 ❀

（一）郭嘉对曹操平定河北起到了哪些作用？

（二）"三曹""建安七子"都是谁？为什么建安年间会出现文学的高峰？

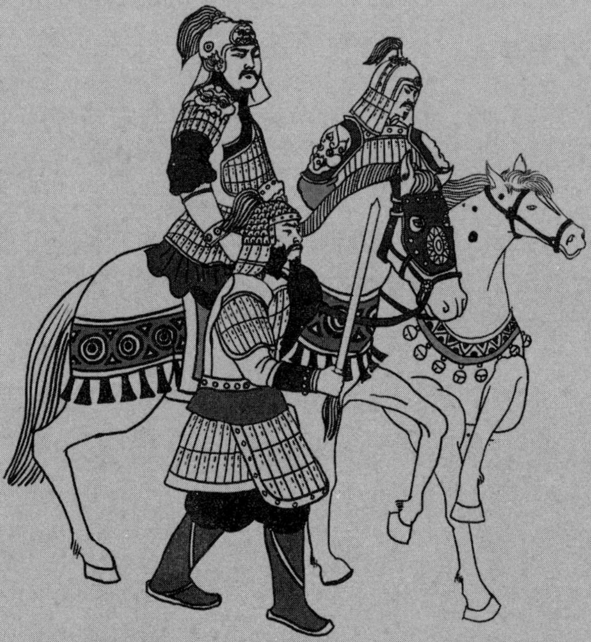

第三章

孙刘联盟

与此同时，代表刘备而来的诸葛亮也认为，曹军远征，已是强弩之末，而且不习水战，刘备愿意跟孙权携手击败曹操。

鲁肃、周瑜、诸葛亮的劝说终于让孙权下定决心与曹操一战。孙权任命周瑜、程普为左、右督，统兵三万驻扎在赤壁（今湖北赤壁），与刘备一道迎战曹操。

刘备的出身

在第二章的讲述中，我们大体是以曹操为主要线索来展开汉末群雄纷争的故事的。可能有读者要问了，这好像跟我们熟悉的小说《三国演义》不太一样，因为《三国演义》一开篇就是"刘关张桃园三结义"，后面基本也是以刘备为主线叙述的。

此话不假，但我们回归到正史，汉末三国的第一主角的确是曹操，尤其是从董卓乱政到平定河北，主要的故事都是围绕曹操展开的，这背后还涉及一个"正统之争"的问题，到底曹操建立的魏国和刘备建立的蜀汉，谁是三国的正统呢？这个问题争吵了一千多年，至今也没有定论，我们决定在全书的最后来讲这个话题，每一个读者也许心中都会有自己的答案。

从本节开始，三国的另一位主角刘备就要正式登场了。刘备，字玄德，涿郡涿县（今河北涿州）人。史书上说他是汉景帝之子中山靖王刘胜之后，因此是皇族的后裔。但是，这样的家世背景在早年并没有带给刘备实质性的帮助。这个中山靖王刘胜，是汉景帝的第九子，汉武帝的异母兄，一生沉迷歌舞酒色，没有什么远大抱负。1968年，中山靖王刘胜的墓在河北满城发现，墓中出土了长信宫灯、金缕玉衣、金银器、玉器等大量珍宝，可以一窥刘胜生前的奢靡生活。据《汉书》记载，刘胜生育了一百二十个儿子，而从刘胜到刘备，中间经历了近三百年，传到刘备时，人数已经相当之多，因此刘备这个汉室后裔的"含金量"其实非常低了。

从汉武帝时候开始，朝廷为了抑制同姓诸侯王的力量，推行了"推恩令"，将诸侯王的封地一分再分，使得他们的地位越来越低。而刘备的先祖、刘胜之子刘贞很早就因"酎金案"而失去了侯爵之位，被贬为平民。因此到了刘备这一代，他的家庭跟平民已经没什么两样，甚至更加贫困。刘备早年丧父，靠着跟母亲织草席、卖草鞋勉强度日。十五岁的时候，刘备得到族父刘元起的资助，赴洛阳郊外的缑（gōu）氏山跟随大儒卢植学习，这期间他结识了同门公孙瓒。但刘备并不爱读书做学问，而喜欢遛狗跑马、听音乐、穿漂亮衣服、结交豪杰义士，于是许多乡里少年争相归附他。

这样，刘备在涿县组织起了一支私人武装，从河东解县（今山西运城）逃亡而来的关羽与涿郡人张飞就是在这时候开始跟随刘备，成为他的左膀右臂。关羽、张飞为人勇猛、忠诚，在早期经常担任保卫刘备的角色。史书上虽然没有"桃园三结义"的记载，但说他们三人经常同床而眠，亲如兄弟。

徐州争雄

公元 184 年，黄巾起义爆发，刘备率领自己的部队跟随校尉邹靖讨伐黄巾军，立了战功，得到了第一个职位安喜县（今河北定州）县尉。县尉是县令的副手，主管一县的治安。当时巡察各县的督邮来到安喜县，刘备请求拜见，但督邮没有理睬他。刘备受不了被人轻视，径直冲进屋里将督邮绑了起来，打了二百杖，挂起印绶弃官而逃。可见，早年的刘备脾气比较暴躁，有一些游侠的作风。但到了小说《三国演义》中，为了美化刘备，就将鞭打督邮的主角换成了张飞。

刘备丢官后就开始了四处流亡的生活。他辗转多地，一直没有什么建树，就投奔了同门公孙瓒。当时公孙瓒在幽州已经拥有很强的力量，并且正准备跟袁绍展开河北争霸战，于是公孙瓒就让刘备担任平原（今山东平原）相，跟随青州刺史田楷一起对抗袁绍。刘备在平原广施仁义，礼贤下士，经常跟下属同席而坐，同器而食，不分尊卑，因此有很多人慕名来归附他。曾有刘备的仇家派刺客假扮宾客来刺杀他，刘备不知道是刺客，对这个人非常好，这个刺客大为感动，告诉了刘备实情后离去。刘备还为人仗义，北海相孔融被黄巾军余党围攻，派太史慈来向刘备求援，刘备与孔融此前并没有交情，当听说孔融有难，仍义不容辞地发兵为孔融解围。

公元 194 年，曹操东征徐州。徐州牧陶谦是公孙瓒的盟友，于是刘备去救援陶谦。陶谦手中拥有精锐的丹阳兵，但是因为缺乏优秀的将帅，在对抗曹操的过程中总是吃败仗。陶谦见刘备有才华，就将四千丹阳兵交给刘备统领，并表他为豫州刺史。于是刘备就留在徐州帮陶谦防御曹操。不久，陶谦去世，徐州大族麋竺、陈登等拥立刘备领徐州牧。徐州是一个大州，户口百万，民众殷实，早就为周围的军阀所觊觎。特别是割据淮南的袁术，听说刘备这个籍籍无名的人占据了徐州，立即发动大军来攻打。

刘备与袁术在盱眙、淮阴相持数月，却不料后院起火。陶谦的旧部曹豹、许耽等并不服从刘备的统治，而且与留守下邳的张飞产生了矛盾。当时吕布正寄寓下邳，曹豹等人就联合吕布，袭取了下邳，张飞败走，刘备的妻子家眷都成了俘虏。丢了徐州的刘备粮草断绝，士卒离散，到达广陵的时候，军中甚至出现了人吃人的惨剧。

虽然后来刘备向吕布求和，获得了暂时的喘息，但不久又被吕布逐出小沛，于是只好向当时已经掌控天子的曹操求救。曹操在下邳击败吕布，救出刘备的妻小。刘备随曹操回到许都，被表为左将军，得到了曹操的厚待。

🌊 煮酒论英雄

左将军是一个很高的军职，但是刘备并不甘心做曹操

的手下，一直蓄谋再次回到徐州割据一方。有一天曹操邀
请刘备吃饭，席间谈论起天下英雄。曹操说："当今天下英
雄，只有刘使君和我，袁绍那些人都算不上。"刘备一听
这话，吃了一惊，手上的筷子落在了地上。这就是著名的
"煮酒论英雄"的故事。刘备听出了曹操的弦外之音，曹

操并不是在夸他，而是在防备着他。正所谓一山不容二虎，刘备知道曹操终究是容不下他的。

当时车骑将军董承假托汉献帝的密诏，谋划除掉曹操，刘备也加入其中。但很快刘备发现董承等人不能成事，于是向曹操借了一支军队，离开许都去堵截欲北上投袁绍的袁术。果然，不久之后，董承密谋败露，参与谋划的人都被曹操杀死，刘备索性与曹操决裂，杀掉徐州刺史车胄，重新占领徐州与曹操作对。但是曹操反应迅速，亲自带兵讨伐，刘备战败，再一次丢掉了徐州，逃到冀州依附袁绍。

公元 200 年，曹操与袁绍在官渡展开决战，这又给了刘备夹缝求存的机会。他借口替袁绍牵制曹操，脱离了袁绍来到汝南，联合当地黄巾余党刘辟、龚都等人，又拉起几千人的队伍，并且重新聚拢了旧部。之前暂时寄身于曹操处的关羽回到刘备身边，曾经在公孙瓒手下效力的将军赵云也是在这时候跟随刘备的。

在汝南重整旗鼓后，刘备试图趁机袭扰曹操的后方，但官渡之战后，曹操腾出手来，亲自征讨汝南。刘备再度被打败，只好继续向南，投奔了荆州牧刘表。

🌀 寄寓荆州

刘表，字景升，是汉室宗亲，在东汉灵帝之时曾是清流名士中的一员，名列"八俊"之一，有很高的威望。董卓掌控朝廷后，刘表离开洛阳南下，担任荆州牧，成为一方割据势力。

荆州大致是现在的湖北、湖南两省和河南西南部一带，在春秋战国时是楚国的核心区域，也是中国南方最早开发的地区。荆州地理位置非常重要，北通中原，南抵百越，西连益州，东下吴会，可以说是当时中国的"十字路口"，乃兵家必争之地。董卓乱政以来，北方陷入一片混战，土地荒芜、人民流离，社会饱受摧残。而荆州相对比较平静，战乱较少，因此众多北方百姓为了避难，举家迁徙到荆州，让荆州变得更为殷实富裕。

荆州的治所最初在偏南边的武陵郡汉寿县（今湖南常德），刘表来到荆州后，将治所迁到了靠北边的襄阳（今湖北襄阳）。襄阳位于汉江之滨，交通便利，大族云集，从刘表开始，逐渐成为江汉一带的中心城市和水陆要冲。刘表得到了蔡氏、蒯（kuǎi）氏等襄阳豪强大族的支持，消灭了在荆州各地作乱的宗贼势力，任用名士，建立学校，大兴儒术，经过二十多年的经营，在荆州坐拥数千里疆域，以及带甲士兵十余万。

但是刘表目光短浅，他仅限于保全荆州一地，没有征服天下的野心。当曹操和袁绍相争之时，刘表作壁上观，既不帮助袁绍，也不帮助曹操。从事中郎韩嵩、别驾刘先对刘表说："如今天下两雄相争，如果只是观望而不相助，最终只会把两家都得罪了。"因为曹操有奉天子之名，很多荆州人士都心向曹操。刘表犹豫不决，就派韩嵩去许都拜见曹操，以窥探虚实。韩嵩回来后，盛赞曹操，并劝刘表送子入朝为质。刘表十分生气，将韩嵩打入囚牢。由此可见，刘表虽然表面儒雅，但内心十分多疑。

因此刘备来投奔刘表后，刘表虽然厚待刘备，却并不重用，把他派去驻守荆州最北部的小城新野，以防御曹操。曹操北征乌桓时，刘备劝刘表趁机袭击许都，但刘表并没有采纳他的意见，白白错失了战略良机。

刘备意识到，刘表并不是一个可以成大事的人，在寄寓荆州的时候就开始多方寻访隐居在这里的人才。后来他遇见了诸葛亮，颠沛流离的人生才出现了转机。

❀ 思　考 ❀

（一）刘备前半生颠沛流离，败多胜少，有人说他"反复无常"，有人说他"不屈于人下"，你如何评价他？

（二）曹操为什么会对刘备说"天下英雄唯有你和我"？

第二节 诸葛亮出山

隐居隆中

上一节我们讲过，因为北方战乱，大批百姓举家迁徙到荆州避难，这其中就包括诸葛亮。

诸葛亮，字孔明，琅琊阳都（今山东沂南）人。他出身一个世代为官的望族，先祖诸葛丰在西汉元帝时曾担任司隶校尉。司隶校尉专门负责监督京师的皇亲国戚、达官要员，诸葛丰执法严格，刚正不阿，让那些权贵非常畏惧，到处躲避。

诸葛亮幼年丧父，叔父诸葛玄抚养他长大。汉末乱世，琅琊郡所在的徐州成为贼寇猖獗和军阀混战的主战场。当时，诸葛玄被袁术派往豫章担任太守，于是他就带着诸葛亮举家南迁。但不久，李傕、郭汜把持的朝廷另派了朱皓赴豫章，诸葛玄无法上任，只好投奔了荆州刘表。诸葛玄死后，诸葛亮就带着家人在襄阳城西二十里的隆中居住下来，而诸葛亮的哥哥诸葛瑾则独自去江东发展，后来成为孙权的座上宾。

诸葛亮虽然过着躬耕陇亩的隐居生活，但并非与世隔绝。他喜爱结交朋友，当时与他一样避难于荆州的颍川人司马徽、徐庶、石韬，博陵人崔州平，汝南人孟建等都与他交好。诸葛亮还和荆襄的名门望族、上层官员有着千丝万缕的联系。他的大姐嫁给了刘表谋士蒯越之弟蒯祺，他的二姐嫁给了襄阳名士庞德公之子庞山民。

诸葛亮自己的婚姻也颇富传奇。当时襄阳有一位名士叫黄承彦，性格十分爽朗，对诸葛亮非常赏识。有一天黄承彦对诸葛亮说："我听说你正在择偶，恰好我就有个女儿，她长得丑，黄头发，黑皮肤，但是才能跟你相配。"诸葛亮听后，不由分说，就答应了这门婚事。当时村里人还编排了儿歌来嘲笑诸葛亮："莫作孔明择妇，正得阿承丑女。"实际上，诸葛亮答应娶黄氏丑女，看重的是她的家世。黄承彦的夫人蔡氏是襄阳最大的豪族蔡讽之女，她的妹妹嫁给了刘表为后妻，蔡氏的弟弟蔡瑁则是刘表的心腹之人。这样的婚姻关系，让诸葛亮的交际圈变得更大，他的名声也慢慢传播出去。

也因为这样的原因，诸葛亮才能"不出茅庐便知天下事"。他一面勤学好问，饱读诗书，一面与好友纵论国事，观察局势，形成了自己的政治见解。他并不安心于隐居的日子，经常将自己比作春秋名相管仲和战国名将乐毅，这两位先贤都是辅佐君王，使国家由弱变强的"王佐之才"，可见他梦想成为这样的人。

三顾茅庐

前面提到，刘备寄寓荆州后，十分注意寻访隐居在这里的人才。他拜访司马徽，向他请教天下大计。司马徽推辞说："我只是一个儒生俗人，怎么能识时务呢？"但又说，"识时务者为俊杰，这里就有卧龙、凤雏。""卧龙"指的是诸葛亮，"凤雏"指的是庞德公的侄子庞统。

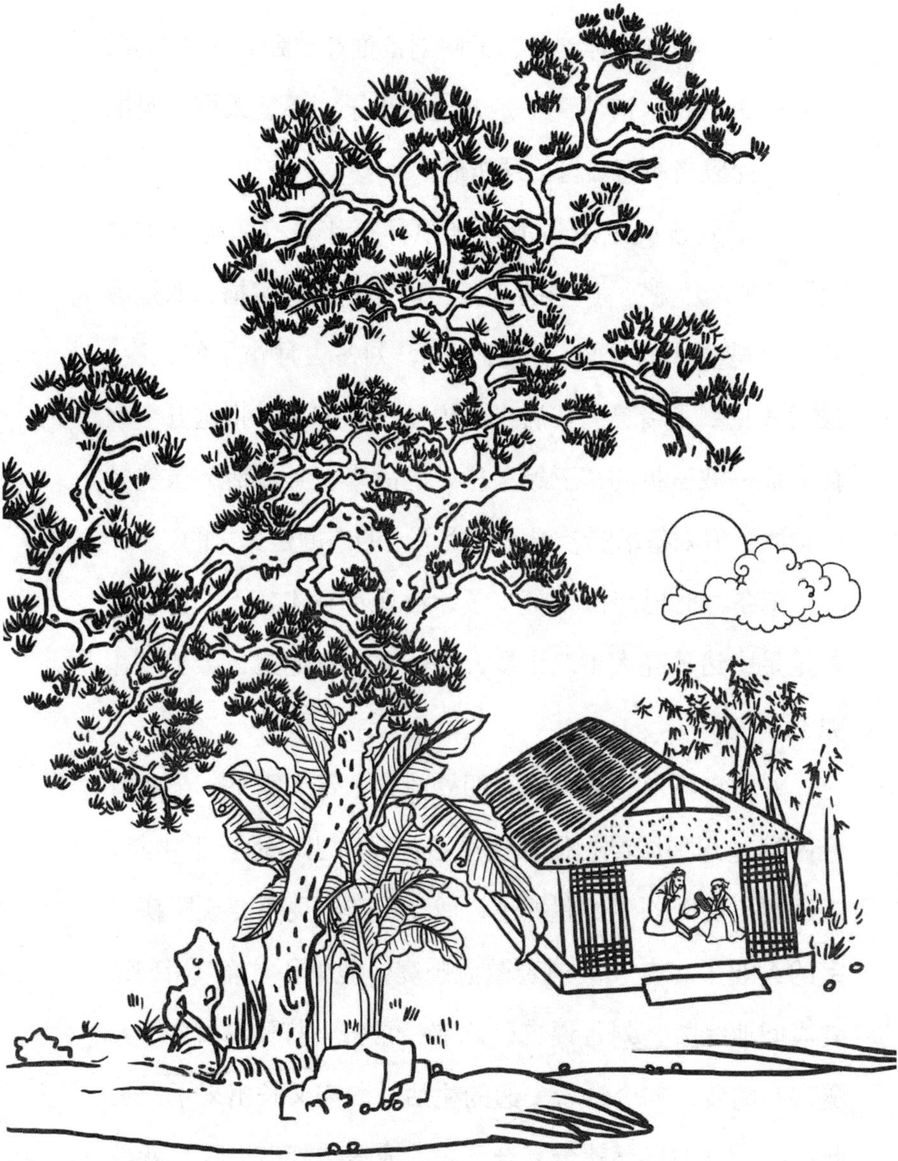

　　不久，徐庶投奔刘备，又向刘备推荐"卧龙"诸葛亮，并且告诉刘备，诸葛亮不是普通的士子，不能采取召见的方式，而应当屈驾亲自去拜访他。

　　于是刘备决定亲自前往隆中拜见诸葛亮。史书上说"凡三往，乃见"。这里的"三"也许并不是实指，而是虚指，就是多次的意思，也就是说，刘备去拜访了好几次，最后才见到了诸葛亮。后来小说《三国演义》将这五个字扩充成一波三折的"三顾茅庐"的故事，具体情节虽然是虚构的，但刘备求贤若渴、礼贤下士的态度是真实的。

　　刘备当时已经四十七岁了，而诸葛亮才二十七岁，刘备足足比诸葛亮大了二十岁，为什么会对他这么谦恭有礼呢？

　　刘备自涿郡起兵开始，四处流离，寄人篱下，虽然曾经占据过州郡城邑，但很快就丢掉了。当时他已近中年，却还要寄居于刘表的屋檐下，前途渺茫，更不要说匡扶汉室的大业了。有一次刘表邀他赴宴，他禁不住落下泪来。刘表问他缘故，刘备说自己此前经常骑马打仗，髀肉（大腿肉）消瘦，如今过着安逸的生活，髀肉又长出来了，长此以往，恐怕自己就会衰老下去。成语"髀肉之叹"就是从这里来的。可见，刘备对自己的处境是十分不满的。究其原因，是他虽然拥有关羽、张飞这样的猛将，但身边缺乏出谋划策的人才，尤其是为他进行长远规划的战略家。

隆中对

刘备和诸葛亮见面后，就迫切地询问他，自己想要匡扶汉室，布信义于天下，但屡屡失败，如今应该有怎样的对策？于是诸葛亮就为刘备制定了一套系统的方略，历史上称为"隆中对"，或"草庐对"：

自董卓已来，豪杰并起，跨州连郡者不可胜数。曹操比于袁绍，则名微而众寡，然操遂能克绍，以弱为强者，非惟天时，抑亦人谋也。今操已拥百万之众，挟天子而令诸侯，此诚不可与争锋。孙权据有江东，已历三世，国险而民附，贤能为之用，此可以为援而不可图也。荆州北据汉沔，利尽南海，东连吴会，西通巴蜀，此用武之国，而其主不能守，此殆天所以资将军，将军岂有意乎？益州险塞，沃野千里，天府之土，高祖因之以成帝业。刘璋暗弱，张鲁在北，民殷国富而不知存恤，智能之士思得明君。将军既帝室之胄，信义著于四海，总揽英雄，思贤如渴，若跨有荆益，保其岩阻，西和诸戎，南抚夷越，外结好孙权，内修政理；天下有变，则命一上将将荆州之军以向宛洛，将军身率益州之众出于秦川，百姓孰敢不箪食壶浆以迎将军者乎？诚如是，则霸业可成，汉室可兴矣。（《三国志·诸葛亮传》）

诸葛亮首先为刘备分析了曹操能够战胜袁绍的原因。他认为曹操没有袁绍那样的名声，兵力也远远不及，但最终能够战胜袁绍，以弱胜强，靠的不仅仅是"天时"，还有"人谋"。诸葛亮强调"人谋"的重要性，也就是肯定了荀彧、荀攸、郭嘉、程昱这些顶级谋士在辅佐曹操过程中发挥的巨大作用，也是向刘备暗示，尽管他现在名微众寡，但只要有了"人谋"的作用，一样能够在乱世立足。

随即，诸葛亮分析了天下局势，他认为如今曹操已经统一了北方，拥有百万之众，挟天子以令诸侯，面对这样的强敌，暂时不可以和他正面交锋。与此同时，孙权据有江东，已历三世，既拥有长江天险，又得到了众多贤能人才的辅佐，已经成为一股不可忽视的新生力量。对待孙权，应当想办法与他进行联盟，而不应该去谋图他的疆土。

对于刘备集团的战略规划，诸葛亮提出了先取荆州、再取益州的"两步走"方案。他认为，荆州地理位置重要，北边可以凭汉水、长江为险要，向南可以一直抵达南海，西通巴蜀之地，东连吴郡、会稽，这是可以施展霸业的地盘，但它的占有者刘表却年老昏聩，不能守其土，这是上天给予刘备的立足之地。而益州自古就被称为"天府之国"，既有山川险要，又有沃野千里，当年汉高祖刘邦就是从益州出兵成功夺取天下的。而如今益州之主刘璋懦弱无能，面对汉中张鲁的威胁手足无措，坐拥富饶的土地和百姓却不懂治理，因此益州的有识之士都期待更贤明的君主。

基于上述分析，诸葛亮认为，刘备应当首先占据荆州和益州，对外采取防御的态势，并且安抚西南少数民族，与孙权建立联盟，对内勤修政务。一旦天下有变，就可以命一名上将从荆州出兵北上南阳、洛阳，刘备则同时亲自从益州出兵北上关中，到那个时候，百姓一定会夹道欢迎刘备的大军。如果这样，则霸业可成，汉室可兴。

诸葛亮的"隆中对"，对当时天下的局势做出了准确判断，为刘备未来的发展制订了富有战略远见的规划。从后来的历史看，刘备基本是按照"隆中对"的构想来行动的，从而一步步成就了三分天下有其一的蜀汉基业。但是，"隆中对"在后来执行中也出现了自我矛盾的地方，以至于造成了一连串的悲剧事件，我们讲到后面的时候再说。

刘备邀请诸葛亮出山相助后，对他十分信赖，甚至对关羽、张飞说："我有了孔明，就像鱼儿得了水一样。"这就是成语"如鱼得水"的由来。就在同一年，刘备的夫人甘氏为他生了一个儿子，取名刘禅，小名阿斗。

但是，曹操和孙权也都瞄准了荆州这块地盘，一场大战即将在这里爆发。

❀ 思 考 ❀

（一）诸葛亮为什么会娶"丑女"为妻？

（二）诸葛亮的"隆中对"提出了哪些富有远见的见解？

孙氏据江东

第三节

孙坚征战南北

诸葛亮在"隆中对"中曾提到江东孙权已历三世，建议刘备和他建立联盟关系。三世，说的是孙坚、孙策、孙权三代统治者。孙氏政权是如何在汉末乱世的军阀混战中崭露头角的呢？

孙坚，字文台，吴郡富春（今浙江富阳）人，出身贫寒，父亲是一个瓜农。孙坚从小容貌不凡，性情豁达，爱交朋友。十七岁那年，孙坚和父亲乘船去钱唐，路遇海盗劫掠商家。来往船只怕惹事，一个个都不敢前行，唯有孙坚胆识过人，独自提着刀冲向了正在分赃的贼寇。但孙坚并不硬拼，而是颇有谋略，他装作指挥的样子，好像在调遣各路人马，海盗果然被骗，以为他身后将有官府的军队前来，于是扔下财物逃跑。孙坚追了上去，砍下了一个海贼的人头，从此名声大噪。

公元 172 年，会稽郡一带爆发了许氏父子叛乱。孙坚以郡司马的身份募集了千余名兵勇前去平叛，有功，被表为县丞。黄巾起义爆发后，孙坚集结乡里少年，又在淮泗一带募集精兵千余人，跟随中郎将朱儁征讨，屡立战功。随后，孙坚又随同车骑将军张温赴西北平定边章、韩遂叛乱。西北战事稍歇，孙坚又被委以长沙太守之职，南下镇压荆州南部区星等人的叛乱。这一系列的平叛经历让孙坚名声大振，也让他的"孙家军"愈战愈勇。

讨董联军成立后，孙坚响应义军并领兵北上，在鲁阳与袁术会合。孙坚出身低微，需要得到袁术这样高门大族的认可，而袁术也不想与董卓正面交锋，而想借助孙坚的力量为自己打先锋。于是袁术表孙坚为豫州刺史，孙坚则成为袁术的附庸，唯袁术马首是瞻，这也为他后来的悲剧埋下了伏笔。

孙坚在讨董之战中表现出众，斩华雄，败吕布，并率先进入洛阳城（我们在第一章都已经讲过）。但与此同时，袁绍、袁术兄弟已经失和，联军内部自相残杀。面对此情此景，孙坚叹息道："我们起初同时举义兵救国家于危难，现在眼见董贼将败，我们自己却打了起来，以后我还能为谁效力呢！"

公元 192 年，孙坚受袁术的指派，攻打荆州刘表，起初孙坚节节胜利，一直攻到了襄阳城外。但孙坚骄傲轻敌，单枪匹马在岘山追击敌军，误入埋伏，被刘表大将黄祖的军士射杀。一代将星突然陨落，年仅三十七岁。

张纮的"江都对"

孙坚死后，其余部由侄子孙贲、妻兄吴景率领，仍旧依附于袁术。孙坚留下了五个儿子，其中长子孙策已满十八岁，相貌英俊，善交良友。孙策少年时和庐江舒县（今安徽庐江）人周瑜结为挚友，相约共图大事。

孙策将父亲安葬后，在江都（今江苏扬州）结识了名士张纮（hóng）。孙策向他请教，张纮却反问他的志向是

什么。孙策说，自己想去袁术那里索回孙家的部曲，然后
为父报仇，做朝廷的藩臣。张纮一听，就摇了摇头，表示
自己对孙策没什么可教的。孙策知道张纮有远见卓识，再
三恳求，甚至流下泪来，张纮才对孙策提出了一番规划。

张纮认为，如今的局面跟东周很像，王室衰微，诸侯
崛起，这时候就不能只满足于当一个安分守己的藩臣，而
应当像齐桓公、晋文公那样建立自己的霸业。至于如何图
霸，张纮认为，长江以南的丹阳、吴、会稽等郡空虚，可
以先平定这里，在江东建立基业，进而再横扫荆州、扬州，
然后凭借长江天险，诛灭奸臣，匡扶汉室。

张纮的这一规划，有学者命名为"江都对"，认为它丝
毫不逊于诸葛亮的"隆中对"。在两汉时期，长江以南的地
区远离中原，交通不便，开发程度也比较低，因此在天下
纷争的时候，这里反而成为被遗忘的角落。张纮建议孙策
避开北方的纷争，渡江攻略江东，在广阔的扬州与荆州打
下一片天下，这也成为后来孙氏吴国的立国之基。

孙策攻略江东

　　孙策在袁术手下，一直得不到重用，他看到袁术不是成大事的人，坚定了脱离袁术的决心。公元194年，孙策借口帮助袁术拓展疆土，率领孙坚旧部千余人从寿春出发，南下渡江。到了历阳（今安徽和县），好友周瑜带兵赶来相助，再加上各路响应的人马，很快就有五六千人之众。

　　当时江东分布的割据势力主要有扬州牧刘繇、会稽太守王朗、豫章太守华歆以及散布在山林里的严白虎、祖郎等贼寇。他们力量分散，势力都不强，尤其是刘繇、王朗等人，出身文官，没有统兵的才能。孙策继承了父亲的骁勇善战，而且善于用人，将领的士兵都能够为他效死命。孙策渡江后，所向披靡，战无不克，刘繇、王朗等纷纷败退，只好弃地而逃。

　　仅仅五年的时间，孙策就平定了长江以南的丹阳、吴、会稽、豫章、庐陵和江北的庐江六郡之地（疆域包括现在安徽中南部、江苏南部、浙江、江西、福建一带），张昭、张纮、周瑜、程普、黄盖、韩当、朱治、陈武、董袭等一批文臣武将聚拢在孙策的手下。取得庐江后，孙策和周瑜分别迎娶了桥公的两个女儿大桥、小桥为妻，二桥据说都有国色天香之貌，美人配英雄，成就了一段佳话。

孙策在江东的迅速崛起引起了曹操的恐慌，曹操当时正在筹备与袁绍的决战，很担心孙策成为自己背后的大患，于是以天子的名义派使者去江东，册封孙策为讨逆将军、

会稽太守、吴侯，等于认可了孙策对江东的统治，并且将侄女许配给孙策之弟孙匡，为儿子曹彰娶孙贲之女，以联姻的方式巩固双方的关系。

但是孙策吞并江东后，并不满足，仍然觊觎中原，想趁着曹操与袁绍官渡大战时袭取许都。消息传到曹操这里，

郭嘉却认为孙策并不值得担忧："孙策在江东诛杀了许多豪杰，又为人轻狂，不设防备，他就算有百万之众，也跟独行于中原没什么区别，必定会死于刺客之手。"

不久，郭嘉的预言奇迹般地应验了。孙策曾经杀害了吴郡太守许贡，许贡有三个门客一直伺机为主公报仇。一次孙策在丹徒山中独自打猎，三名刺客瞅准机会，冒充孙策的士兵混了进去，将孙策刺伤。孙策被救回后，伤重不治而死，年仅二十七岁。临终前，他将江东托付给年仅十九岁的二弟孙权，并嘱托张昭、周瑜等辅佐他。

孙权坐领江东

孙权，字仲谋，是孙坚的次子，从小性情开朗，仁而多断，崇尚侠义，又生得碧眼紫髯，异于常人。孙策渡江时，孙权就经常跟随左右，向孙策建言献策，他的才能让孙策都常常自叹不如。孙策临终前对他说："率领江东之众与敌人决战于阵前，争夺天下的霸权，你不如我；但举贤任能，各尽所用，保卫江东的基业，我却不如你。"孙策提到了一个关键的问题，也是未来孙氏政权在江东稳固并发展的核心问题，就是用人。

孙权接位后，面临的首要任务就是安稳内部。一方面，他重用孙坚、孙策给他留下的人才，以师傅之礼待张昭，让周瑜训练江东水军。另一方面，他大力招揽才俊之士为己所用。当时，因为北方多战乱，许多江北人士渡过长江，来到南方避难，他们之中的众多才能之士，如诸葛瑾、鲁肃、步骘（zhì）等都进入孙氏政权，成为孙权的亲信之人。

🌀 鲁肃的"合榻对"

鲁肃，字子敬，临淮东城（今安徽定远）人。他出身士族家庭，喜读书，好骑射。鲁肃早年与周瑜交好，周瑜军中缺粮，鲁肃仗义疏财，将家中仅有的两个粮仓中的一个借给了周瑜。孙权在江东即位后，周瑜立即向孙权推荐了他，认为他有匡扶社稷的才能。

孙权与鲁肃相见后，相谈甚欢，孙权为表尊敬，将自己的坐榻与鲁肃的合在一起，共同对饮畅谈。席间，鲁肃对孙权提出了宏伟的战略规划，历史上称为"合榻对"。

鲁肃对张纮的"江都对"进行了大刀阔斧的改造，一上来就否定了匡扶汉室的目标。他认为汉室已经衰败，不可能复兴，而曹操战胜了袁绍，也不能很快消亡。他建议孙权趁着北方混战之时，剿灭黄祖，攻伐刘表，将长江以南的全境收为己有，然后建号称帝以图天下，成就汉高祖那样的功业。

鲁肃的这个主张在当时是十分大胆的。曹操即便挟持了天子，依然要扮演着汉室忠臣的角色，但鲁肃一针见血地指出汉室的衰亡已经不可阻挡，改朝换代的时机已经到来，而孙权只要能够将长江以南全部据为己有，就可以称帝建国。果然，后来历史的发展验证了鲁肃的预见。但是，鲁肃的"合榻对"和诸葛亮的"隆中对"存在着一个明显的冲突，那就是双方都想争夺荆州，这也将在未来成为孙刘两家最为核心的矛盾。

孙权虽然年轻，但行事极有魄力，在短短几年的时间内就平定了庐江太守李术的叛乱，派兵镇压了啸聚于山林之中的强宗骁帅。在内患得以平定后，孙权开始执行鲁肃的战略规划，先后三次发兵西征江夏黄祖。江夏即今湖北武汉、鄂州一带，是荆州东边的门户，而黄祖又是孙权的杀父仇敌，因此孙权在江夏的战事中投入了江东最精锐的军队。

公元208年，孙权重用降将甘宁，亲率水陆大军第三次征伐江夏，终于取得大胜，黄祖弃城而走，被孙权的骑士追上斩杀。至此，孙权的地盘已经拓展到荆州，而就在同一年，曹操的大军也南下争夺荆州，大战一触即发。

❋ 思　考 ❋

（一）孙坚、孙策父子都是当世英雄，却为何英年早逝？

（二）孙策为什么要选择孙权作为自己的接班人？

（三）从张纮的"江都对"到鲁肃的"合榻对"，孙氏政权的战略目标发生了怎样的变化？

孔融之死

公元 207 年，曹操平定乌桓，消灭了袁氏残余势力，基本统一了北方。于是曹操开始在邺城修筑玄武池训练水军，为南下统一全国做准备。

公元 208 年，曹操废除"三公"（司徒、司空、太尉），恢复丞相之职并由自己担任，进一步将朝政大权集于一身。汉献帝在脱离了董卓、李傕等凉州军阀的把持后，又成为了曹操手中的傀儡皇帝。为了震慑百官、清除异己，曹操诛杀了当时名声很大的太中大夫孔融。

孔融是孔子的二十世孙，从小聪明伶俐，"孔融让梨"

的故事更是流传很广。汉末天下大乱，孔融担任北海相，但是他没有守境安民的才能，黄巾余党频繁劫掠青州，他束手无策。后来袁绍之子袁谭入侵青州，孔融弃城而走，不久被朝廷征召，入朝为官。

孔融对曹操控制朝政十分不满，又生性傲慢，喜欢讥讽时政，因此时常出言讽刺曹操。曹操攻陷邺城后，其子曹丕娶了袁绍的儿媳甄氏，孔融就对曹操说："当年武王伐纣，把妲己赐给了周公。"曹操从没听说过这段历史，连忙问孔融是从哪里看到的，孔融则讥讽道："以当今的事情来推测，想当然而已。"后来曹操要远征乌桓，孔融又出言讥讽："当年肃慎国不进贡箭矢，丁零国偷盗苏武的牛羊，您既然北伐，不如把这两个国家都征讨了吧。"曹操对孔融愈发忌恨。

曹操南征之前，以"谤讪朝廷""不遵超仪"等罪名将孔融处死，并株连全家。尽管曹操和孔融不共戴天，但曹操的儿子曹丕很欣赏孔融的文采，后来曹丕多方搜集孔融的文学作品，并且将孔融列入"建安七子"之一。

曹操南下

公元 208 年七月，曹操亲率大军南下征讨荆州。大军还未到，刘表就于八月病死。

刘表有两个儿子，长子刘琦，次子刘琮。但刘表的后妻蔡氏将侄女嫁给了刘琮，更宠爱刘琮。刘表生前，蔡氏不断挑拨他与刘琦的父子关系，刘琦被逼无奈，不得不出奔江夏避难。这样一来，刘表一死，蔡氏、蒯氏等地方豪族就扶持刘琮即位。刘琮年幼，面对曹操大军将至的情形束手无策，竟然听从了蒯越、韩嵩、傅巽等一班大臣的建议，不战而降，拱手将荆州献给了曹操。

刘琮降曹，让刘备顿时陷入危机之中。当时刘备在樊城训练军队，知道自己势单力薄，不可能抵挡曹操的大军，于是与诸葛亮带领队伍向南渡过汉水，准备占领荆州的钱粮重镇江陵（今湖北荆州）。

曹操进入襄阳，以刘琮为青州刺史，并大加封赏投降而来的荆州人士。但他听说刘备向江陵逃去，意识到刘备不除终究是心头之患，于是亲点五千精锐骑兵，一日一夜行三百里追击刘备。

当阳之败

　　刘备在荆州深得民心，他渡江南下，有许多不愿意跟随刘琮降曹的老百姓扶老携幼地追随他。一行人走到当阳（今湖北当阳），已经有十万之众，辎重数千辆，行军速度异常缓慢。有人劝说刘备抛弃百姓，迅速赶往江陵据守，否则曹军随时会追上来。但刘备不忍，说："那些成大事的人，都以人为本，如今这么多百姓愿意跟着我，我怎么忍心舍弃他们而去。"

　　曹军在当阳长坂将刘备追上，刘备一击即溃，只带着数十骑逃走。甘夫人及刚出生不久的刘禅都陷于乱军之中。赵云见状，向北寻找刘备妻小。有人告诉刘备赵云已经降曹，刘备愤怒地用手戟投向那人说："子龙绝对不会背叛我。"果然不久，赵云怀抱幼主，保护着甘夫人回来了。曹军追击至当阳桥头，张飞据水断桥，圆睁双目，横矛大喊："我是张益德也，谁愿意来共决死战！"这一吼吓得敌军都不敢近前，为刘备的逃亡争取了时间。这两段故事，后来被改编成脍炙人口的"赵子龙单骑救主"和"张翼德喝断当阳桥"。

前往江陵已经不可能了，刘备率领残部取道汉津，在这里得到了关羽率领的水军接应，一同撤往夏口，与刘琦会合，才得以暂时喘息。曹操则顺利占领了江陵，很快控制了荆州大部。

孙刘联盟

孙权一直密切关注着荆州的局势。曹操南征和刘表病死的消息传到江东的时候，鲁肃就对孙权说："荆州与我们相邻，沃野千里，百姓富裕，这是建立帝王之业的地方，如今刘表新丧，二子不和，刘备又一直受到刘表的猜忌，不如让我以吊唁的名义去荆州，联合刘备，一致抗曹，晚了可能就被曹操抢先了。"

孙权觉得鲁肃说得有道理，就让他立即启程出发。鲁肃到了夏口，听说曹操已经到了荆州，于是急忙寻找刘备，终于在当阳长坂与刘备相遇。这时候刘备刚遭遇大败，士气消沉，鲁肃问他接下来有什么计划。刘备说，想去投奔苍梧太守吴巨。苍梧属交州，在现在的广西梧州一带，在当时属于人迹罕至的蛮荒之地，如果刘备逃到那里，基本等于退出了群雄相争的历史舞台。鲁肃就对刘备说："吴巨势单力薄，随时可能被别人吞并，而我主孙权据有六郡，兵精粮足，不如两家联盟，可图大业。"

　　鲁肃的提议让刘备在绝望中看到了曙光。曹操占据江陵后，刘备有时刻被吞并的危险，而唇亡齿寒，曹操的下一个目标很可能就是江东。刘备和孙权之前虽然没有任何交情，但如今面临着共同的敌人，存在着联盟的可能性。而鲁肃的孙刘联盟的建议，也和诸葛亮"隆中对"中的规划不谋而合。于是刘备派诸葛亮过江到孙权当时的临时治所柴桑（今江西九江），与孙权约定抗曹大计。

　　曹操不费吹灰之力就得到了荆州，击走了刘备，也变得有些骄傲。他派人给孙权送去一封信，信中以盛气凌人的口吻说："我奉天子之名讨伐叛逆，如今大军南下，刘琮投降。现在我训练了八十万水军，准备跟将军在吴地一起会猎。"这里的"会猎"当然是一句含义明确的外交辞令，吴地是孙权的家乡，也是孙氏政权的核心区域，曹操扬言跟孙权在吴地打猎，意思就是让孙权放弃抵抗，将江东六郡悉数奉上。而曹操号称的八十万水军，也是夸大其词。据记载，曹军当时在荆州约有二十万军队，但仍旧是孙权的数倍之多。

曹操的信一到，立即引发了江东上下的恐慌情绪。张昭、秦松等谋士都主张孙权向曹操投降。他们的理由是："曹操挟天子征战四方，如果现在跟曹操对抗，那就是跟朝廷对抗。而且江东此前还可以依靠长江天险作为防御，如今曹操占了荆州，得了刘表水军，长江之险已与我共有，双方兵力悬殊，作战是不可能取胜的。"张昭从孙策时代就是孙氏政权的首席谋士，威望最高。因此张昭的主降论断一下就占据了主流。

主降派都是文臣，大敌当前，他们考虑更多的是如何维护自己或背后家族的利益。当时群臣之中，唯有鲁肃从孙权的角度考虑，是坚决的主战派。鲁肃趁着孙权起身更衣的时候，悄悄跟上前去，单独对他说："众人的投降论断都是在误导将军，他们根本不足以共谋大事。像我这样的人投降曹操，一样可以得到高官厚禄，但是将军若是降了，可能连老家都回不去了。希望将军早定大计，不要听从那些人的意见。"孙权毕竟不是刘琮，不甘心将父兄辛苦创立的基业拱手让人。他说："众人的议论太让我失望了，你的话正合我的心意。"

但是，毕竟敌众我寡，孙权对能否战胜曹操还是没有信心。鲁肃劝孙权将正在鄱阳练兵的周瑜召来议事。周瑜见孙权后，分析了曹操此次南下所犯的四条兵家大忌：一、马超、韩遂在关西，曹操的后方不稳；二、曹军的优势是步骑，并不擅长水战，南下作战是舍长就短；三、现在是严冬时节，曹军补给不足；四、曹军远道而来，水土不服，必生疾病。周瑜认为，曹操犯此四忌，虽然人多势众，但并非不可战胜。他向孙权请求三万人，必能将曹操击退。

与此同时，代表刘备而来的诸葛亮也认为，曹军远征，已是强弩之末，而且不习水战，刘备愿意跟孙权携手击败曹操。

鲁肃、周瑜、诸葛亮的劝说终于让孙权下定决心与曹操一战。孙权任命周瑜、程普为左、右督，统兵三万驻扎在赤壁（今湖北赤壁），与刘备一道迎战曹操。

🌀 火攻破曹

《三国演义》对赤壁之战的过程写得非常精彩详细，可谓一波三折，奇谋迭出。但实际上，其中的许多情节都是小说的虚构或嫁接。比如蒋干劝降，是在赤壁之战前的几年，而且也没有"蒋干盗书""曹操杀蔡瑁张允"的事情。"草船借箭"则是改编自濡须口之战孙权草船探营的故事。"庞统献连环计"并没有发生，将战船连锁起来是曹操自己的主张。至于"诸葛亮借东风"，更是完全虚构的情节。

但是黄盖诈降在历史上实有其事，而且是决定赤壁之战胜负的关键因素。黄盖很早就跟随孙坚征战，是孙氏政权资历最老的将领之一。他给曹操寄出来一封投降信，信中说江东寡不敌众，江东将吏无不心向曹操，只有周瑜和鲁肃负隅顽抗，并约定双方交锋那一天自己将作为前部为曹操效命。老将来降对曹操而言无疑是巨大的吸引力。当时，曹操的军营中已经发生了大规模的疫病，曹操急于尽快解决战事。官渡之战中他利用袁绍的降臣许攸取得了逆转，这一次，他误判了形势，自大地以为黄盖的投降能够再一次成为他取胜的砝码。因此曹操虽然心中仍有怀疑，还是放松了警惕。

于是，在公元208年十一月的一天，黄盖带领十艘轻舟，船上铺满柴草，里面装满易燃的鱼油，外面用布幔遮盖好，船头插好约定好的旗帜，向曹军水寨进发。等到距离曹营只有两里的时候，黄盖命十艘小船同时点火，向曹军大船撞去，当时正好东南风盛行，火借风势，很快就将曹军水寨点燃。周瑜趁机从水上发动攻击，刘备则从陆路进攻曹军旱寨，曹军大败，死伤者众多。

曹军在赤壁失利的另一个重要原因是军中感染了瘟疫，

这正应了周瑜此前的预料。瘟疫盛行让曹军还未交战就损失了大量官吏和士兵，士气大为受挫。因此，面对着孙刘联军强大的攻势，曹操不得不烧毁了自己剩余的船只，率领残部由华容道撤往江陵。

赤壁之战是继官渡之战之后又一场以少胜多的战役，曹操败退，从此失去了统一天下的机会，而曹、刘、孙三足鼎立的局势也开始逐渐形成。

文武赤壁

赤壁之战奠定了三国鼎立的格局，在历史上名气很大，以至于后代许多文人都留下诗文作品，追忆这一段历史。唐代诗人杜牧有一首七言绝句《赤壁》，是这样写的：

折戟沉沙铁未销，自将磨洗认前朝。

东风不与周郎便，铜雀春深锁二乔。

这首诗在咏叹历史的同时，也引用了一条传说，即曹操征伐江东是为了夺取大桥、小桥两位美女，将她们置于铜雀台上享乐。大桥是孙策之妻、小桥是周瑜之妻，因此周瑜与曹操的赤壁对决，又被增添了"争夺美女"的色彩。这当然并非史实，而是民间为了丑化曹操的形象，"开脑洞"的结果。

到了宋朝，大文学家苏轼被谪贬黄州，泛舟夜游赤壁，心有所感，接连写下了《念奴娇·赤壁怀古》《前赤壁赋》《后赤壁赋》等诗文。他在《念奴娇》中表达了对周瑜年纪轻轻就立下丰功伟业的无限仰慕之情，抒发了自己壮志未酬的惆怅。

大江东去，浪淘尽，千古风流人物。故垒西边，人道是，三国周郎赤壁。乱石穿空，惊涛拍岸，卷起千堆雪。江山如画，一时多少豪杰。

遥想公瑾当年，小乔初嫁了，雄姿英发。羽扇纶巾，谈笑间，樯橹灰飞烟灭。故国神游，多情应笑我，早生华发。人生如梦，一尊还酹江月。

苏轼对赤壁之战的怀古诗文流传很广，却留下了一段公案，那就是赤壁之战到底发生在哪里。苏轼夜游的赤壁在黄州，即今湖北黄冈，但据后人分析，苏轼很可能是将赤壁的地点弄错了。当时刘备驻军夏口（今湖北武汉），而黄冈在武汉的下游，曹操不可能越过刘备而与周瑜交战。目前，学术界较多认同"蒲圻赤壁"为赤壁之战的古战场，后来蒲圻为了提高知名度，也更名为赤壁市，如今当地临江的悬崖上还保留有"赤壁"两字的摩崖石刻。但因为苏轼的诗赋太有名了，所以后人为了区分，将"蒲圻赤壁"称为"武赤壁""周郎赤壁"，将"黄州赤壁"称为"文赤壁""东坡赤壁"。

❋ 思 考 ❋

（一）赤壁之战中孙刘联军击败曹操的原因是什么？

（二）如果孙权听从张昭的建议投降曹操，历史将会是怎样的？

（三）历史上诸葛亮在赤壁之战中起到了怎样的作用？这和小说《三国演义》中的叙述有何异同？

刘备入益州

第五节

🌀 荆州之争

曹操在赤壁战败后，留大将曹仁、徐晃守江陵，乐进守襄阳，自己则返回北方。孙刘联军决定乘胜追击，从曹操手中夺取荆州。

公元 209 年，周瑜率领大军围攻江陵。但江陵城池坚固，粮草充足，再加上曹仁守城有方，智勇兼备，周瑜进攻多日而不能克。周瑜身先士卒，在一次战斗中不幸为流矢射中右胁，被救回营中。曹仁以为孙军主帅负伤，前来索战。周瑜强忍着病痛，从病榻上披甲起身，巡视军营，激励将士，曹仁只好退回。

　　就这样，双方相持了一年，曹军损失惨重，曹仁不得不放弃江陵，退守襄阳。孙权以周瑜为南郡太守，以程普为江夏太守，占领了荆州中部。

　　就在周瑜与曹仁争夺江陵之时，刘备却率军向南，拿下了荆州南部的武陵、长沙、桂阳、零陵四郡（四郡的范围大致是现在的湖南省）。刘备表刘琦为荆州刺史，将大批刘表的旧部拉拢到自己手下，比如此前随刘表之侄刘磐镇守长沙的大将黄忠，就是这一时期加入刘备阵营的。刘备派诸葛亮到零陵、桂阳、长沙三郡征调赋税，以充军用，自己则屯驻在油口，改名公安（今湖北公安），在荆州南部重新振作起来。

　　这样，孙权和刘备的势力同时进入荆州，在领地上形成了犬牙交错的格局。诸葛亮的"隆中对"将占据荆州作为刘备实现兴复汉室目标中举足轻重的一步，而张纮的"江都对"、鲁肃的"合榻对"也都将占领荆州纳入孙权图霸的路线之中。因此，孙刘联盟之间最大的矛盾也暴露了出来，那就是荆州。

孙刘联姻

当时荆州南部较为偏僻、开发程度较低，远远不能满足刘备的需求。于是刘备决定亲自前往孙权的驻地京口（今江苏镇江），请求孙权将富饶的南郡也借给他屯驻。诸葛亮担心刘备前往江东有风险，并不赞成他去，但刘备执意前往。

果然，当周瑜得知刘备来到江东讨要南郡，就写信劝孙权将刘备扣留下来。周瑜说："刘备有枭雄一般的姿态，又有关羽、张飞这样的熊虎之将，绝对不会长久地屈从于别人。不如将他留在吴地，为他修建宫室，多供给美女和玩好之物，然后将关羽、张飞分隔开，让我带兵袭击，大事就可以定了。如果将南郡的土地割给刘备，让这三人聚拢在一起，恐怕他们就像蛟龙得到云雨一样，不会再是池中之物了。"

周瑜的建言虽然有违盟友的道义，但他对刘备可谓看得十分透彻。从刘备以前的履历来看，他先后依附公孙瓒、陶谦、曹操、袁绍、刘表等人，但都没有真心臣服，而是时刻筹备着组建自己的力量，发展自己的势力。如今刘备因为曹操的逼迫与孙权联手，周瑜认为，他也并不是真心，而是别有企图。

　　然而在如何对待刘备的问题上，鲁肃和周瑜产生了巨大的分歧。鲁肃是孙刘联盟坚定的捍卫者，他认为，曹操虽然赤壁兵败，但他在北方的势力依然强大，而孙权刚统治荆州，人心还没有完全归附，不如让刘备去为孙权安抚荆州，多为曹操培养一个敌人，就是多为自己树立一个党羽。

　　孙权此时更为信任鲁肃，他认为大敌当前，与刘备的联盟不能轻易破坏，于是答应将南郡江北之地暂时借给刘备屯驻，这就是"借荆州"。除此之外，他还决定将妹妹嫁给刘备，让孙刘两家成为真正意义上的"一家人"。

　　孙权的妹妹，史书上称为孙夫人，在后来一些戏曲作品中又叫作孙尚香。孙夫人才智敏捷，像她的兄长们一样性情刚猛。她嫁给刘备后，随身带着一百多个婢女仗剑守护在她身边，刘备每次走进她的房间，内心都有些恐惧。连诸葛亮也担心，孙夫人是孙权安插在刘备身边牵制他的工具，随时有可能在内部发生变乱。可以想见，刘备与孙夫人的政治联姻，并不幸福。

不过，至少表面上来看，联姻让孙刘双方在荆州的矛盾暂时趋于缓和，曹操听到这一消息后，惊得手中的笔落在了地上。

步骘城

在与刘备巩固盟好的同时，孙权派步骘率军南下平定交州，苍梧太守吴巨阴怀异心，不听从调遣，步骘于是设局将他斩杀，声威大震。割据交趾的地方豪强士燮（xiè）表示归附，这标志着孙权的势力已经向南延展到了今广东、广西和越南中北部。

步骘担任交州刺史后，来到毗邻南海的番禺城，这里在秦汉之际曾是南越王赵佗的都城，但在南越国灭亡后被长期废弃。步骘勘测了地形，认为这里土地肥沃，适合建立城邑。于是他报请孙权批准，重建番禺城，并将交州的治所迁到此处。后人称此城为"步骘城"，此后逐渐演变为现在的广东省广州市。

周瑜壮志未酬

周瑜没有能够抑制刘备在荆州的扩展，于是他亲自赴京口拜见孙权，提出征讨益州的战略。

益州，大致是今四川、重庆、陕西西南部以及云南、贵州的部分地区，因为在先秦时期曾存在巴、蜀两个古国，故称为巴蜀之地。益州在地形上有着天然的崇山峻岭为屏障，地势险要，易守难攻，而益州腹地的成都平原土地肥沃、利于生产。我们此前曾讲到，汉灵帝时采纳宗室大臣刘焉的建议，设立州牧，刘焉就担任了益州牧。他到任后，打击地方豪强，巩固自身势力，使益州成了一个不受中央管辖的"独立王国"。

但刘焉死后，继承他位置的儿子刘璋为人软弱，疑心很重，致使益州内部多次发生叛乱。曾经依附于刘焉的五斗米教首领张鲁趁机脱离刘氏父子，在汉中建立了政教合一的政权，并且经常出兵袭扰刘璋，成为刘璋的心腹大患。

在这种情况下，周瑜认为出兵征伐益州的时机已到。

他的计划是，由他与孙权的堂兄弟、奋威将军孙瑜共同引兵西进，先消灭刘璋，再吞并张鲁，接着留孙瑜镇守益州，与关西军阀马超互相声援，而周瑜则返回荆州，与孙权一起从襄阳北伐曹操，这样北方就可以拿下了。

周瑜的提议得到了大将甘宁的支持。甘宁是孙吴阵营中唯一的益州人，他最初就是参与了反对刘璋的叛乱，失败后顺江而下投奔黄祖，后又加入孙权阵营的。早在投奔孙权之初，甘宁就曾提议孙权在夺得荆州之后，继续向西谋取巴蜀之地。

然而，周瑜的西入益州战略又和诸葛亮的"隆中对"不谋而合。因此，当孙权将周瑜的计划告诉刘备，并寻求他的支援时，刘备非常鲜明地表达了反对。刘备在回信中说，益州国富民强、土地险远，发兵远征的难度很大，而且如果曹操突然趁虚而入，后果不堪设想。再者刘璋也是汉室宗亲，讨伐他等于是同盟自相攻伐。孙权不听，执意派孙瑜率军往夏口，准备出征。刘备于是写信给孙瑜，扬言道："如果孙权继续讨伐刘璋，我就要披头散发奔入山中，才不失信于天下。"同时，他派关羽、张飞等率兵把守隘口，阻止孙瑜通过，一再阻挠孙权的西征计划。

恰在这时，周瑜在途径巴丘（今湖南岳阳）时病重。临终前，周瑜上疏孙权，再次提醒他警惕刘备，并推荐鲁肃代替自己执掌军队。周瑜病逝，年仅三十六岁，孙权悲痛不已，亲自为周瑜素服举丧。而周瑜之死，也让西进益州的计划化为了泡影。

刘备平定益州

公元211年，曹操占据关中，扬言进取汉中。刘璋听闻，非常恐惧，认为曹操攻取汉中后下一个目标就是益州。别驾张松建议刘璋邀请刘备来益州，助他讨伐张鲁，防御曹操。刘璋轻信了张松之言，派法正率领四千余人前往荆州邀请刘备。

实际上，张松和法正都已经对刘璋失去了忠心，他们邀请刘备来的目的，就是想让他接管益州。当时，与诸葛亮齐名的"凤雏"庞统刚来到刘备手下，成为刘备的得力谋士。庞统极力主张刘备趁机夺下益州，但刘备仍有顾虑，对庞统说："我和曹操势同水火，曹操急躁，我就宽厚，曹

操暴虐，我就仁义，曹操奸诈，我就忠义，我行为处事总
是和曹操相反，才能有现在的成就。如今为了夺人之地就
失去了信义，这种事我不能做。"但庞统劝他说："如今是
乱世，应当随机应变，不能一味墨守成规。如果不趁机袭
取益州，迟了恐怕就会被别人占了先机。"刘备觉得有道

理，于是亲率庞统、黄忠等入蜀，留诸葛亮、关羽、张飞、赵云等镇守荆州。

刘备入蜀后，受到刘璋的热情款待。刘璋让刘备驻守在葭萌（今四川广元），并且为他增加兵员，供给粮草军械。但刘备在葭萌并不积极向张鲁进攻，反而广施恩德，

收买人心。公元212年，曹操东征，与孙权在濡须口交战。刘备借口回军援救孙权，向刘璋索要将士万名相助。刘璋只给予他四千人，其余军需也减半。刘备以此为由，与刘璋彻底翻脸，并袭杀刘璋白水督杨怀、高沛，南下占据涪城（今四川绵阳）。

刘璋见刘备反戈一击，连忙派将领刘璝（guī）、泠（líng）苞、张任、邓贤等在绵竹（今四川德阳）迎击刘备，但不久绵竹失守，将领费观、李严等投降刘备。刘璋又派儿子刘循率军据守雒城（今四川广汉），雒城城池坚固，易守难攻，刘备攻打了将近一年不能克，军师庞统也在一次战斗中中箭身亡。刘备于是从荆州调诸葛亮、张飞、赵云来援，留关羽镇守荆州。荆州援军让刘备实力大增，顺利攻克雒城，直逼刘璋的主营成都（今四川成都）城下。与此同时，从汉中流亡蜀地的马超也接受招抚，加入了刘备阵营。刘璋见大势已去，放弃抵抗，出城投降。

就这样，刘备占据了益州，并自领益州牧，以成都作为自己的政治中心，初步实现了"隆中对"的构想，奠定了三分天下有其一的蜀汉基业。

❀ 思　考 ❀

（一）为什么刘备和孙权都想要争夺荆州这片土地？

（二）周瑜和鲁肃在对待刘备的问题上为何持截然不同的观点？

（三）有人说刘备攻打益州违背了他一直以来奉行的仁德道义，是他政治生涯的一个污点，你怎么看？

这样好读的历史

的历史

三国争霸
下

成长/著

人民文学出版社 天天出版社

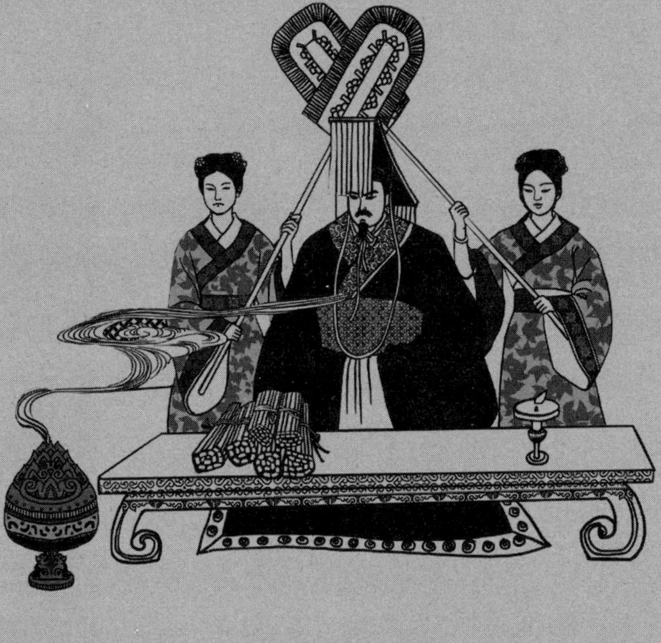

第四章

三足鼎立

从年龄来说，孙权足足比曹操和刘备小了一辈，他的吴国又建立在当时社会经济并不太发达的江南，并且同时面对曹操和刘备两个强劲的敌人，因此需要根据时局的变化，时而联刘抗曹，时而联曹抗刘，通过灵活的制衡手段来维持吴国的江山。另一方面，曹操挟持汉献帝以正统自居，刘备打出汉室苗裔的身份亦以正统自居，而孙权建立政权的合理性最弱，所以他的立国也就更加艰难。

第一节 曹操称王

曹操马超大战渭南

赤壁之战阻止了曹操一统天下的脚步，孙刘联盟在荆州的扩张又让曹操在南线被迫采取保守的策略。此后的十年间，曹操集团主要向两个方向发展：在西边，占据关中和陇西，将西北与中原连成一片；在东边，则与孙权在江淮之间的合肥、濡须口反复展开拉锯战。

关中，即今天的陕西中部渭河平原一带，因为处于潼关、武关、大散关、萧关之间，故而称为关中（因为处于潼关、函谷关以西，有时也叫关西）。关中南依秦岭，北据高原，土地肥沃，易守难攻，自古是帝王定都的首选之地。

西周、秦、西汉都是定都关中而有天下。然而汉末战乱，关中一带饱受战火摧残，尤其是李傕、郭汜作乱，致使关中一片荒凉，人烟稀少。后来李傕、郭汜败亡，关中一带逐渐被马腾、韩遂等十支军阀势力瓜分。

马腾，字寿成，东汉开国功臣伏波将军马援之后，他身材高大，非常勇猛，因战功升为偏将军。汉末大乱，朝廷无力管理西境，马腾就与韩遂等联合造反，组织起一支队伍，并且联络羌人，频繁袭扰关中。董卓、李傕控制朝廷，为了避免腹背受敌，对马腾、韩遂持续采取怀柔政策。

曹操迎汉献帝之后，以钟繇为司隶校尉，镇抚关中。钟繇继续奉行怀柔政策，他到达长安后，就给马腾和韩遂写信，陈述利害关系。马腾、韩遂表达了归附之意，送儿子到许都为质，而曹操控制的朝廷也继续认可了他们在关中的统治。曹操与袁氏父子相争时，马腾派年仅二十七岁的儿子马超统兵援助钟繇。马超斩杀袁尚所置的河东太守郭援，击败并州牧高干，一战成名。

但是对曹操来说，长期盘踞关中的马腾、韩遂等军阀始终是一个心头之患。南下荆州之前，他表马腾为卫尉，召他入朝为官。马腾当时年纪已大，也想过安逸的日子，于是举家前往邺城居住，但马超留在关中，继续统领马腾的部队。

赤壁之战后，曹操开始着手解决关中问题。公元211年，曹操声言讨伐汉中张鲁，命钟繇从关中出兵，夏侯渊从河东出兵。这一消息传来，关中诸将人人自危。马超一直有反曹的心思，于是联合韩遂、侯选、杨秋、李堪、张横、成宜、马玩、梁兴、程银十部共十万兵马同时反曹，据守潼关，阻止曹军进入关中，一场大战拉开帷幕。

当年七月，曹操亲率大军西征，与关中诸将在潼关、渭南一带交战。起初，马超英勇善战，其士兵擅长使用长矛，锐不可当，且据有潼关险要，曹操并不占优势。于是曹操决定采取迂回作战的方式，一面将马超、韩遂的兵力吸引在潼关一线，一面派徐晃、朱灵率四千精兵从河东蒲坂津渡过黄河，在河西扎营，对马超形成威慑。

一次，曹操亲自率军从潼关北渡黄河，马超发现了他的异动，率领步骑万人突然袭击，向正在渡河的曹操放箭。曹操的船夫当即毙命，负责护卫曹操的猛将许褚见情况紧急，一手用马鞍当盾牌掩护曹操，一手摇着船橹，才让曹操摆脱了险境。起初营中将士不知曹操生死，一个个都很惶恐，见到曹操安全回营，大家都悲喜交加，而曹操却轻松地笑道："今天差点被几个小贼给困住了！"

曹军分兵渡河后，马超两面受敌，已经陷于被动的局面。战争相持日久，关中诸将粮草不济，于是向曹操请和。曹操的谋士贾诩建议，可以假意答应他们的要求，实施离间计。于是，曹操与韩遂阵前约见。他两人原本就是旧相识，见面时曹操只是叙旧，并不谈军事之事。马超听说他们相谈甚欢，询问韩遂，韩遂告诉他实情，马超却将信将疑。随后曹操又给韩遂寄去书信，但有意在信中制作涂抹的痕迹，马超看到后更加怀疑韩遂与曹操有所勾结。

趁马超、韩遂离心之际，曹操发起攻击，关中诸将溃不成军，成宜、李堪等被杀，马超、韩遂、梁兴等败走凉州。战后，在邺城的马腾一家也被曹操处死。

马超在渭南战败后，一度纠集羌人，在凉州重整旗鼓，并攻杀凉州刺史韦康。但不久，马超被韦康下属杨阜、姜叙袭取了城池，不得不丢弃妻室，只带着堂弟马岱、部将庞德等残部投奔汉中张鲁。后来他受张鲁猜忌，又入蜀归附了刘备。

马超败走后，曹操趁势派大将夏侯渊西进，消灭韩遂、宋建等割据势力，将凉州纳入自己的势力范围。后来，曹魏政权在关中地区设置雍州。雍、凉二州从此成为曹魏西边的门户，后来诸葛亮、姜维多次北伐攻打的就是这里。

曹操孙权争夺淮南

赤壁之战后，曹操和孙权的争夺焦点集中到了淮南。淮南，即现在的安徽中部淮河与长江之间地区，这里河网密布，土地平旷，是南北之间的战略要地。这里曾经是袁术割据的地盘，袁术败亡后，曹操以刘馥为扬州刺史，在巢湖西岸修筑了军事要塞合肥（今安徽合肥），扼住了孙权北上的咽喉。

对于孙权来说，想从江南向中原进军，淮南是必经之地，而想要守住长江，必须要将防线前置，控制淮河流域，这就叫"守江必守淮"。因此，公元208年，就在周瑜在赤壁大破曹操水军的同时，孙权亲自率领军队向合肥发起了攻击。合肥城池坚固，孙权围城百余日不能取胜，只得退兵。

　　孙权的进犯让曹操更加感受到淮南防线的重要性，于是在老家谯县制造战船，训练水军，为未来与孙权在淮南的水战做准备。水战最重要的武器是弓弩，曹操曾经亲临合肥训练弓弩手。如今合肥市内有一座明教寺，前身是曹

操所筑的教弩台，据传曹操曾在此训练强弩五百人以御孙权水师。

此后，曹操与孙权多次在淮南展开拉锯战。如果是曹操进攻，则战场一般在濡须水汇入长江的河口，即濡须口（今安徽无为北）。如果是孙权进攻，则战场一般在合肥。

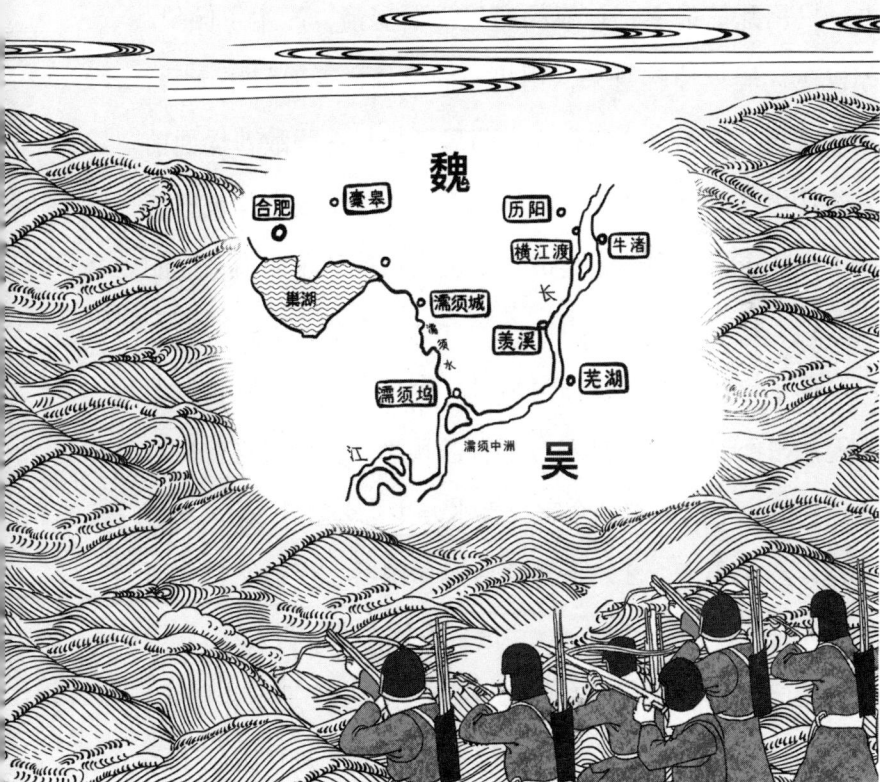

　　公元 212 年十月，曹操在渭南击败马超、韩遂，解除了后方的隐患，便亲自统军四十万由巢湖沿濡须水南下，进攻孙权。孙权也早有防备，采纳了大将吕蒙的建议修筑濡须坞，以迎击曹操。江东的水军在水战上具有绝对的优势，曹操不敌，只能被迫采取守势。一次，孙权亲自乘船去窥探曹操的大营，曹军发觉后，怕其中有诈，不敢出击，只用乱箭射之。孙权的船只一面受箭，产生了倾斜，孙权遂让船只掉转身来，用另一面受箭，待船只平衡后，从容退回。这样冒险的行为，凸显了孙权在强敌曹操面前的非凡勇气。但是在《三国演义》中，这个故事却被移花接木安在了诸葛亮身上，成了脍炙人口的"草船借箭"的故事。

　　孙权与曹操在濡须口对峙了一个多月，互有胜负，但都无法击败对方，于是双方都有退兵之意。孙权给曹操写了一封信，上面只有八个字"春水方生，公宜速去"，劝曹操趁着春天到来、江水漫涨之时赶紧退兵。但他又在信里附了一张纸，仍写了八个字"足下不死，孤不得安"。曹操看到后大笑，说："孙权不会欺骗我啊。"于是下令撤兵。这一次战事，虽然双方打成平手，但曹操真正认识到了孙权这个晚辈的厉害，他感叹道："生子当如孙仲谋，刘表的儿子简直跟猪狗一样无能。"

濡须之战后，曹操怕孙权劫掠长江北岸的郡县，索性采取了坚壁清野的策略，将江淮之间的城池废弃，强制人口内迁。此举引发民众的恐慌，造成十余万民众渡江投奔了孙权。但从此以后，江东军队渡江后无法就地取得补给，孙权对淮南的入侵就变得更为困难了。

公元 215 年，孙权趁着曹操西征张鲁之机，再度亲率十万大军围攻合肥。当时合肥仅有张辽、乐进、李典带领七千人防守，而且三将之间素来不和。但大敌当前，三人捐弃前嫌，同心抗敌。张辽、李典趁着孙权大军新到、立足未稳之际，率领八百名敢死军突然冲出城去，连斩孙权两员大将，让孙权锐气大伤。后来孙权围城十余天不能克，不得不撤军。张辽又趁孙权撤军之时，在逍遥津突袭孙权。孙权没有防备，大败，在甘宁、吕蒙、凌统等人的拼死护卫下才逃脱。这场逍遥津之战，成就了张辽的辉煌时刻。

在三国鼎立局面形成后，曹魏与孙吴在淮南依然多次交战，但曹魏始终无法突破濡须口而南下，孙吴也始终不能攻克合肥而北上。

唯才是举

在军事扩张的同时，曹操也进一步巩固自己在北方的统治。长期的战争经历让他深切地感受到人才的重要性，于是从公元 210 年到 217 年，曹操三次颁布"求贤令"，提出了"唯才是举"的用人原则。这在当时算是一个不小的突破。

东汉时期，朝廷主要采取"察举制"，由地方长官在辖区内考察选取人才，但是"察举制"过于强调人的道德和名声，致使出现了许多沽名钓誉而没有真才实干的大臣，对国家毫无益处。比如察举最重要的一科是"孝廉"，许多人都是通过"举孝廉"在官场平步青云，但用"孝"来考察人才，并没有一个科学的标准，就使得许多人为了博取名声和官位，耗费大量钱财厚葬自己的父母，让"孝"成了一场表演秀。到了东汉末年，对人才的品评又变成了家世背景的比拼，那些出身豪门世家的子弟往往能够拥有更好的政治资源，跻身官场，像袁绍、袁术等人更是能够凭借家世组建起强大的政治力量，这些都是曹操所反感的。

曹操在选举人才时，明确表示不看重他们的出身，甚至不在乎他们是否有道德瑕疵，将才能作为唯一的考察标准。他告诉各级官吏，哪怕是不仁不孝之徒，只要有治国用兵之术，都要毫无遗漏地举荐上来。

曹操在用人上务实的作风，让他的帐下文臣武将云集，才能之士不绝如缕。如曹操手下的张辽、徐晃、于禁、乐进、张郃五名大将被史书称为"五子良将"，他们之中有三人是从敌营投奔而来，曹操非常信赖他们，常常让他们统兵独当一面，而他们也在曹操阵营充分发挥出自己的军事才华，屡立战功。

荀彧之死

曹操虽然善于用人，但是对于与自己不能同心之人，也多有猜忌，甚至不能相容。曹操与荀彧关系的恶化就是一例。

荀彧是曹操早期最重要的谋士，为曹操在兖州基业的开拓和官渡之战的胜利起了决定性的作用。但荀彧身为汉臣，心向汉室，当他看到曹操不断凌驾于汉献帝之上，逐渐暴露出取代汉室的野心时，和曹操原本亲密无间的君臣关系就开始有了裂痕。

公元212年，董昭等人推举曹操进爵魏公。在荀彧眼里，这就是迈出了篡汉自立的危险一步。因此当这一提议提出时，荀彧明确表示了反对，他说："曹公当初兴义兵是为了匡扶朝廷、安定社稷，应该秉承忠贞的诚心，谦恭退让。君子爱人应该以德行去规劝他，所以我认为您不能这么做。"但荀彧的一番忠告不仅没有让曹操回心转意，反而让他十分愤怒。

不久，曹操撤掉了荀彧尚书令的职位，让他随军东征孙权。行至寿春，曹操派人送了一盒食物给荀彧，荀彧打开一看，发现盒中并无一物。他意识到曹操已经不能容他，抑郁而终（一说服毒自尽）。

荀彧死后，曹操没有任何阻碍，如愿进爵魏公，加九锡，定都邺城，置百官，拥有完整的封国体系，地位与汉代的诸侯王无异。不久，曹操以谋逆之名，废去汉献帝的皇后伏寿，将她幽闭而死，又诛杀了她所生的两个皇子和宗族百余人。在曹操的逼迫下，汉献帝立曹操女曹节为皇后，这样曹操又成了"国丈"，汉献帝已经毫无帝王尊严，任人摆布。

公元216年，汉献帝又在群臣的逼迫下册封曹操为魏王，邑三万户，位在诸侯王之上，并可以用天子的旒冕、车服、旌旗、礼乐祭祀天地。当年，汉高祖刘邦曾经与群臣举行"白马之盟"，约定"非刘氏而王，天下共击之"，而曹操公然称王，废汉自立的意图已经昭然若揭。这时候的曹操，几乎已经与皇帝没有什么两样了。

❀ 思　考 ❀

（一）曹操在渭南之战中战胜马超的原因是什么？

（二）淮南的合肥、濡须口为什么会成为曹魏与孙吴争夺的战略要地？

（三）荀彧为什么和曹操走向决裂？

汉中争夺战

第二节

孙刘湘水划界

随着刘备占据益州，此前牢不可破的孙刘联盟出现了裂痕。

诸葛亮给刘备规划的"隆中对"，将先取荆州，再取益州作为刘备集团发展壮大的两个必要阶段。赤壁之战后，刘备基本是按照这一构想来行动的，在几年间就实现了"跨有荆益"的目标，彻底摆脱了此前二十多年东奔西走、寄人篱下的命运。然而，孙权对荆州同样也是志在必得。因此，诸葛亮在"隆中对"中既要联合孙权，又要占据荆州，与孙权的矛盾便无法消除。

起初，孙权听信鲁肃的话，将南郡借给刘备屯驻。这样，孙权从荆州西进和北上的路线就都被阻断了，战略空间一再被压缩。直到刘备占据益州，孙权才意识到这一错误，于是派遣诸葛亮的哥哥诸葛瑾前去向刘备索要荆州。刘备当然不会轻易放手，推托道："等我取了凉州，再归还荆州。"孙权勃然大怒。此前，孙权已经趁刘备入益州时派人接回了妹妹孙夫人，于是没有顾忌，决定诉诸武力。

公元215年，孙权派鲁肃率军万人进驻巴丘，牵制关羽，同时派大将吕蒙率军两万攻取长沙、零陵、桂阳三郡。刘备得到消息，亲率五万兵力东下至公安，并派关羽进军益阳。双方剑拔弩张，战争一触即发。

鲁肃是孙刘联盟的倡导者和维护者，他不希望孙刘两家伤了和气，于是约请关羽会面，双方各自将兵马置于百步之外，将领只佩带随身的单刀相会，史称"单刀会"。在《三国演义》和一些戏曲作品中，"单刀会"被描述为关羽携青龙刀独闯敌营，义正词严地与鲁肃交涉荆州问题。但正史中，这场会面却是关羽理屈。鲁肃指责刘备不守诚信，说："当初，我们江东真心诚意地将土地借给你们，是因为你们兵败而来，没有立足之地。现在你们已经得到益州，为什么还不归还荆州?"鲁肃提出,可以让刘备先归还三郡,作为折中方案。

刘备起初连归还三郡都不愿答应,但这时传来消息,曹操攻取了汉中,随时可能入侵巴蜀。刘备怕益州有失,只得答应与孙权议和。最终,双方同意以湘水为界,湘水以东的江夏、长沙、桂阳三郡属孙权,湘水以西的南郡、零陵、武陵归刘备,各自退兵。此时,荆州北部的南阳、襄阳等郡仍控制在曹操手中。因此,荆州形成了曹、刘、孙三家瓜分的局面,而荆州问题只是被暂时搁置,并没有得到根本的解决。

张鲁与五斗米道

曹操已将版图推进至关中和陇西,而刘备占领了益州,这一对宿敌之间势必又将爆发一场恶战,战场就在汉中。

汉中郡,即今陕西汉中一带,它南边与巴蜀有大巴山、米仓山相阻隔,北边与关中有秦岭相阻隔,汉水的流经在群山之间形成了一块平整的盆地,这样独特的地貌特征让汉中天然成为一处进可攻、退可守的战略要地。当年汉高祖刘邦就是以汉中为根据地进军关中，一统天下的。

东汉顺帝时期，张道陵在四川鹄鸣山一代传教，因为入教者须出米五斗，这一教派被称为五斗米道，因教徒尊张道陵为天师，又称为天师道。五斗米道和张角创立的太平道都兴起于汉末，被认为是中国本土宗教道教的两个源头。

张道陵之孙张鲁起先依附益州牧刘焉，随后割据汉中，自成一派军阀。张鲁在汉中实行了一种政教合一的统治方式，他不设置郡守、县令，而是用五斗米道中的祭酒、治头大祭酒等头领来管理政事。他推行宽仁的律法，如果犯法，会给予三次宽恕的机会，还不悔改才处以刑罚，而小过错只需要修筑百步道路即可赎罪。他还在道路边兴建义舍，悬挂起酒肉食物，供路过之人免费取用。由于汉中局势相对稳定，数以万计的关中民众为躲避战火流入汉中，张鲁也得以在汉中雄踞二十多年。

公元 215 年，曹操亲率十万大军征讨汉中，张鲁战败，归降曹操，汉中为曹操所有。当时刘备新据益州不久，而且正跟孙权争夺荆州，无暇北顾。曹操主簿司马懿认为，此时可以趁势南下，并吞巴蜀。但是曹操认为蜀地山险路远，征伐太过于冒险，他留大将夏侯渊镇守汉中，自己领兵退还。

定军山之战

汉中是益州的北大门，曹操入侵汉中让刘备一度非常恐慌。但刘备的谋士法正却一眼看出，曹操占领汉中却不趁势取巴蜀，是因为它后方不稳固。他建议刘备正可以利用这一时机吞并汉中，作为北上中原的跳板。刘备采纳了法正的建议，于公元217年以法正为军师，张飞、赵云、马超、黄忠等为大将，进兵汉中，留诸葛亮镇守成都供应粮草。

汉中之战持续了两年多。公元219年正月，刘备亲自率军攻打阳平关，不克，于是南渡汉水，抢占定军山（今陕西勉县南）。曹军主将夏侯渊前来争山，刘备采纳法正的策略，让大将黄忠多次擂鼓呐喊，却不进攻。夏侯渊放松了警惕，带领四百余人到阵前修补鹿角（又叫拒马，古代阻碍敌人骑兵冲击的障碍物），黄忠抓住战机，突然从山上冲下突袭，将夏侯渊及其子夏侯荣斩杀。

夏侯渊是最早跟随曹操的"谯沛武人"，最受曹操信赖，曹操曾经称赞他"虎步关右，所向无前"。夏侯渊的弱点是逞强恃勇，骄傲轻敌，曹操曾经反复告诫他，但他最终仍旧因此落败。夏侯渊阵亡成为汉中之战的转折点。

夏侯渊败亡后，余部由张郃统领，撤往阳平关固守。曹操得知汉中有失，亲自统兵来援。这是曹操和刘备最后一次面对面的较量，也是两人最为势均力敌的一次交锋。刘备倾注了蜀地的兵力投入汉中之战，而在曹操援兵到来后，刘备果断令将士各据险要，不与交锋，利用汉中独特的地理优势拖垮曹操。双方相持月余，曹军军心涣散，曹操只得放弃汉中退兵。但在此之前，曹操已经迁走了汉中大量的人口，刘备虽得汉中之地，但未得汉中之民。

刘备夺得汉中后，又派刘封、孟达夺取了汉中东部的房陵、上庸、西城三郡（大致是今陕西东南部、湖北西北部），将汉中与荆州两大战区勾连在一起。同年七月，刘备在群臣推举之下自号汉中王、大司马，也登上了王位。

🌀 水淹七军

刘备在汉中击败曹操、自领汉中王后，达到了巅峰时刻，而曹操的退兵也让他做出了错误的判断，他以为北进中原的时刻到了，于是急不可待地开始执行诸葛亮"隆中对"中两路出兵中原的战略，而从荆州出兵北上南阳、洛阳的"上将"人选，毫无疑问就是留守荆州的大将关羽。

关羽，字云长，河东解（今山西运城）人，早年从家乡逃亡到涿县，与张飞追随刘备南征北战，屡立战功。曹操的谋士程昱曾评价关羽和张飞都是"万人敌"，也就是说他们武力高强，可以以一敌万，这是史书中对猛将的最高评价。

刘备在徐州被曹操击败后曾投奔袁绍，关羽则暂且栖身于曹操处。曹操欣赏关羽的才华，拜他为偏将军，表为汉寿亭侯，赏赐了他许多财物。但关羽与刘备誓同生死，十分重义气，不肯在曹操处久留。在斩颜良解白马之围，报答了曹操恩情之后，关羽便将曹操的赏赐原封不动地留下，写下告辞书信，投奔刘备去了。当时，曹操身边很多人建议曹操追杀关羽，曹操说："他这是各为其主，不要追了。"《三国演义》中描写的"过五关斩六将""千里走单骑"的情节，在正史上其实是不存在的。曹操放关羽走，成全了他的忠义，没想到却给自己留下了一个大麻烦。

刘备调诸葛亮、张飞入蜀作战后，关羽总督荆州军政。刘备称王后，封关羽为前将军、张飞为右将军、马超为左将军、黄忠为后将军，再加上翊军将军赵云，这五名将军在《三国志》中被列入同一列传中，后世称他们为蜀汉"五虎上将"。但"五虎上将"中，关羽的地位更高，因为他还获得了刘备授予的"假节钺"的权力。"节钺"是符节与斧钺的合称，代表着君王的权力。获得"假节钺"，就可以代表君王行使生杀予夺、征讨四方的职责，一般只有功勋卓著、最受信赖的将领才可以拥有，这也正是刘备授意关羽北伐的信号。

公元219年七月，关羽统军从江陵北上，直取襄阳、樊城。

襄阳、樊城，即今湖北襄阳的襄城区、樊城区，两城夹汉江而立，是荆州北上中原的咽喉要道，突破了这里，许都以南就将门户洞开。当时，曹仁、满宠守樊城，吕常守襄阳，曹仁见关羽来势汹汹，向曹操求援。

曹操得到关羽北上的消息，派左将军于禁、立义将军庞德前去支援樊城。于禁从兖州时期就跟随曹操作战，名列曹营"五子良将"之一，因为持军严整，最受曹操信赖。庞德原是马超部将，马超投奔蜀地时，庞德留在了汉中，后来随张鲁一起归降曹操。庞德的故主、堂兄都在蜀中为刘备效力，所以曹操派庞德迎战关羽，樊城的将领们议论纷纷。庞德听到后，义愤填膺地说："我受到国家的恩德，这次就要效死命。此次出战，不是我杀了关羽，就是关羽杀了我！"庞德非常骁勇，出战与关羽搏杀，射中关羽的额头。因为庞德常骑白马，关羽军中都呼他为"白马将军"，对他十分忌惮。

就在樊城之战杀得难分难解之时，老天爷帮助了关羽。入秋以后，天降大雨，连续下了十多天，导致汉水暴涨，高出平地五六丈，于禁率军驻扎在樊城外的低洼地带，结果全部被淹没。关羽则备下大船，趁势发动攻势。于禁统率的七军几乎全军覆没，他本人则向关羽投降。反倒是庞德，在水中力战不屈，最终被俘虏。关羽劝庞德投降，庞德大骂刘备，誓死不降，从容赴死。曹操听到消息后，感慨地说："于禁已经跟随我三十年了，怎么到了危难的时刻，反而不如庞德呢？"

于禁的命运也很悲惨。后来吕蒙夺取荆州后，孙权将于禁送还北方。这时曹操已死，曹丕对于禁曾经变节的行

为非常不齿，让于禁去拜谒曹操的陵墓，却提前让人在墓外的陵屋中画上关羽战胜、庞德不屈、于禁乞降的画面来羞辱他。于禁羞惭不已，发病而死。

此次大胜让关羽声名远播，史书上称为"威震华夏"。但谁能想到，仅仅几个月后，关羽就由巅峰坠落谷底，三国的局势再度发生了戏剧性的转变。

◎ 华佗与"刮骨疗毒"

在小说《三国演义》中有一段情节，关羽攻打樊城时右臂中了曹仁的毒箭，军中请来名医华佗为他治病。华佗提出要刳开皮肉、用小刀刮去骨头上的毒药，才能保全关羽的臂膀。关羽便请华佗刮骨疗毒，而他自己坚持不用麻药，与马良对弈，神态自如，似乎全无疼痛之感。华佗直呼其为天神。

"刮骨疗毒"在史书上实有其事，但并未记载实施手术的医生的姓名，而且时间也在樊城之战前。实际上，为关羽"刮骨疗毒"的医生不可能是华佗，因为在史书中，华佗在公元208年之前就已被曹操杀害。

华佗，字元化，沛国谯（今安徽亳州）人，是东汉末年著名的医学家。他精通内科、外科、妇产科、小儿科和针灸科，尤其擅长外科手术。相传他发明了一种麻醉药叫"麻沸散"，做手术之前，先让病人饮下，病人就跟喝醉酒一样没有知觉。这时候华佗为病人开肠破肚，除去病变的部分，再进行缝合，病人丝毫不觉得疼痛，只需要一个月就可以恢复如初。

华佗还很注重强身健体，他仿照虎、鹿、熊、猿、鸟五种动物的动作姿态，发明了一套健身操"五禽戏"。采用"五禽戏"进行日常锻炼，可以使全身各个关节和肌肉都得到舒展，既可以治病，又可以强身健体。他的弟子吴普按照"五禽戏"的方法勤加锻炼，一直活到了九十多岁。

史书上记载了很多华佗治病的事例。我们在第二章曾经提到的徐州大族陈登，后来被曹操封为广陵太守，防御孙策。他曾得了一种怪病，胸中烦闷，面色发红，不能饮食。华佗为他号脉，发现病因是陈登平常喜欢吃未经清洁的生鱼片，导致肚子里生了不少寄生虫。华佗给陈登配了一服汤药，陈登喝下去后，果然吐出了三升虫子。但华佗警告陈登，说这病并没有根治，以后可能还会复发。果然，后来陈登的病又复发了，但当时华佗不在他身边，他就因此病死了，年仅三十九岁。

华佗手到病除的名声，为曹操所听闻。曹操长年以来饱受头风病的困扰，就让华佗来为他看病。华佗看后判断，这种病很难根治，但是如果进行有效的治疗，可以延长一些寿命。华佗不愿意成为曹操的私人医生，借口妻子患病，逃回家中，任凭曹操征召也不来。曹操非常恼怒，派人将华佗押入大牢，将他害死。华佗临终前，将自己所写的医书传授给狱中小吏，告诉他："这本书可以救人。"小吏害怕犯法，拒绝接受，华佗于是将医书烧掉，他的许多高明的医术因此没有传下来。后来曹操的幼子曹冲得了重病死去，曹操非常后悔杀了华佗。

汉末三国是动荡的年代，百姓饱受战争与疾病的摧残，因此也有一批名医应时而生。与华佗同一时期还有一位名医张仲景。张仲景名机，是南阳人，曾任长沙太守。建安年间瘟疫盛行，当时人称"伤寒"，致死率高达十分之七。张仲景写成了医学巨著《伤寒杂病论》，对传染病的病理、诊断、治疗以及用药，都做出了比较详细的论述。

到了曹魏时期，还有一位以针灸见长的医学家皇甫谧（mì），他是镇压黄巾起义的名将皇甫嵩的曾孙。他把古代著名的三部医学著作，即《素问》《针经》(《灵枢》)、《明堂孔穴针灸治要》编纂起来，删减提炼，结合自己的临证经验，写出了十二卷的《针灸甲乙经》，因此成为"针灸鼻祖"。他同时还是一名史学家，著作有《帝王世纪》《高士传》等。

❀ 思 考 ❀

（一）汉中的地理环境具有怎样的战略特征？

（二）蜀汉"五虎上将"都是谁，这个称号是怎么来的？

（三）为什么汉末三国时期会涌现出华佗、张仲景、皇甫谧这样著名的医学家？

关羽失荆州

第三节

魏吴秘密同盟

关羽大破于禁、庞德，让樊城的形势更加严峻，大水将樊城淹没，许多将领劝曹仁趁关羽还没有合围的时候，舍弃樊城。但满宠认为，关羽之所以不能向北挺进，就是因为樊城还在固守。如今一旦弃城而去，黄河以南就不再为国家所有了。曹仁认为满宠说得有理，与将士沉白马为誓，同心固守樊城。

对曹操而言，樊城之败损失的不只是于禁、庞德的军队。关羽得胜的消息传来，毗邻许都、洛阳的陆浑一带有孙狼等民众杀掉县官，响应关羽。与此同时，关羽已经派遣别军北上抵达郏县（今河南郏县），许都以南，百姓人心惶惶。而在曹魏的大本营邺城，也发生了名士魏讽策划的反叛事件，魏讽的同谋中许多都是与荆州有密切关联的人士。尽管这场叛乱还未发动就被镇守邺城的魏太子曹丕镇压，但可以看到，关羽的北上已经引发了巨大的连锁效应，动摇了曹操在北方的统治。

曹操对关羽十分畏惧，他甚至召集幕僚商讨，是否要将汉献帝迁出许都，以避关羽的锋芒。司马懿、蒋济劝阻曹操说："于禁等人是因为突发大水而失利，并不是战争之失，对国家并没有太大的损失。而刘备与孙权表面亲密，实际上已经有隔阂，关羽在荆州得志是孙权不愿意看到的。这时候派人去结好孙权，许以割江南之地，让他从后方袭击关羽，樊城之围自然就解开了。"这份计谋开启了曹操与孙权的秘密联盟。

正如司马懿、蒋济所料，关羽在襄樊的节节胜利，引发了孙权强烈的不安。原本，孙权与刘备在荆州问题上就存在矛盾，湘水划界只是让双方暂时妥协，但是孙权依然念念不忘夺回整个荆州。而关羽在镇守荆州期间，又不注重团结东吴，致使孙刘关系更为恶化。

　　关羽性情傲慢自负，经常盛气凌人。此前，他听说马超投奔了刘备，就写信给诸葛亮，询问马超的武艺如何，大有与之一比高下之意。诸葛亮了解关羽的脾性，回信给他："马超可与张飞并驾齐驱，但还不及您美髯公的绝伦逸群。"关羽这才宽慰一些。后来刘备即位汉中王，册封关羽为前将军，又提拔在定军山立功的黄忠为后将军，关羽得知此事，当着使者费诗的面大骂："大丈夫终不与老兵同列！"并拒绝接受刘备的册封。费诗好言相劝，关羽才勉强接受。在荆州，关羽与同僚的关系也不好，他经常轻慢南郡太守糜芳和将军士仁，关羽出师北伐，让糜芳和士仁二人负责供应军需，二人没有完成任务，关羽怒道："等我回来再治你们的罪。"糜芳、士仁因此心怀不安。

　　关羽对同僚尚且如此，对孙权就更加不客气。此前，孙权为了修好孙刘关系，曾派使者前往关羽处求通婚，欲为儿子娶关羽之女，关羽却怒骂使者，将其赶回，孙权十分恼怒。因此，当曹操的密使与孙权相约共同夹击关羽时，孙权积极响应，并且启用主战派的青年将领吕蒙为统帅，谋划袭取荆州。

🌀 "士别三日，当刮目相待"

吕蒙，字子明，汝南富陂（今安徽阜南）人，是孙权一手从行伍中提拔起来的将军。他出身贫寒，十六岁就在姐夫邓当手下追随孙策征讨四方，后来又成为孙权手下的猛将，参加了赤壁、南郡、濡须口等战役，他常常身先士卒，屡立战功，深受孙权器重。

吕蒙从小没有读过书，识字很少，孙权就对他说："你如今执掌军队，应当多读些书。"吕蒙推托自己军务繁忙。孙权却说："我难道是想要你做学者吗？我只是希望你能粗略地阅读，涉猎一些历史。你说军中事务繁多，谁能比得上我呢？我从小就读五经、三史和各类兵书，自认为很有益处。"吕蒙从此开始勤奋读书。后来鲁肃路过吕蒙的驻地，和他讨论天下大事，吕蒙对答如流。鲁肃惊讶地说："您现在的才能，不再是当年那个吴下阿蒙了。"吕蒙则说："士别三日，当刮目相待。"就这样，吕蒙成为一名文武全才的儒将。

鲁肃去世后，吕蒙接替了他的军权，驻守陆口，与关羽的辖区毗邻。吕蒙表面上与关羽结好，实际上一直在伺机袭取荆州。

吕蒙白衣渡江

关羽北上围攻樊城，对吕蒙而言正是绝佳的机会，但他很快侦察发现，关羽对东吴一直有防备，在南郡屯留了许多军队。于是吕蒙给孙权上书，请孙权将他以治病为名调回建业，这样关羽就不会再防备东吴，等关羽将南郡的军队撤走，吴军就可以沿江而上，袭取南郡。

孙权采纳了吕蒙的建议，召他回建业。吕蒙路过芜湖，与驻守在那里的右部督陆逊见面。闲谈之中，令吕蒙意外的是，陆逊和他的想法不谋而合，也劝吕蒙趁关羽麻痹大意的时候，突然袭击，夺回荆州。吕蒙到了建业，立即向孙权举荐陆逊，代替自己都督陆口大军。

陆逊，字伯言，出身吴郡吴县大族。陆家原本与孙家有仇怨，陆逊的叔祖陆康曾任庐江太守，当时孙策在袁术手下为将，袁术派孙策攻打庐江，陆康坚守城池两年，最终城池陷落，自己发病而死。因此在孙策时期，包括陆家在内的江东世家大族与孙氏政权的关系一直非常紧张。

孙权接掌江东后，改变策略，与江东世家和解，大力提拔世家子弟为官。陆逊就是在这一时期开始为孙权效力，他最初被任命为海昌（今浙江海宁）屯田都尉，兼领县长。陆逊就任之前，这里连年发生旱灾，百姓生活艰难。陆逊到来后，开仓放粮、劝课农桑，一县大治。此后，陆逊还多次带兵平定鄱阳、丹阳等地的山越作乱，立有大功。孙权将孙策的女儿许配给他，实现了孙陆两家联姻。

陆逊不仅有政治才能，在军事战略上也很有远见。但是他此前并没有参与过大战，名气也不高。吕蒙认为，任用名不见经传的陆逊为主将，可以让关羽更为麻痹。果然，陆逊到达陆口后，利用关羽骄傲自大的性格，给他写了一封很谦卑的信。信中陆逊狠狠地夸赞了关羽的功绩，表达了一番自己的仰慕之情，并且自我贬损，说自己不过是一个书生，没有能力担当这样的重任，请求关羽多加指教。

关羽原本就对东吴非常轻蔑，现在看到陆逊这封书信，更是完全不再防备。他将留守在南郡的兵马调往北边支援樊城之围，仅留糜芳守江陵、士仁守公安，完全落入了吕蒙和陆逊的圈套中。

吕蒙得到消息，亲自率军乘船渡江，夜袭南郡。为了躲过沿江岗哨，吕蒙将战船全部伪装成商船，将士兵和兵器藏在船舱内，船夫则穿着白衣，扮作客商模样。南郡守军丝毫没有准备，吕蒙就这样突然出现在城下。糜芳、士仁在吕蒙的招降下献城投降。吕蒙轻而易举地便占领了南郡。吕蒙又派陆逊攻下秭归、夷道，截断关羽撤回益州的道路。关羽顿时陷入两面受夹击的处境，他的军队一下子成为了一支孤军。

败走麦城

就在吕蒙袭取南郡的同时，曹操派大将徐晃南下救援樊城，自己则亲自率军南下摩陂（bēi，今河南郏县）督战。为了瓦解关羽的士气，曹操故意将孙权袭击南郡的消息泄露给关羽。消息在军中传开，关羽的大军果然士气跌落，关羽不得不撤军南还，并派人去探听江陵的情况。

吕蒙入城后，对城内百姓和军士家眷秋毫无犯，厚加抚恤。关羽派来打探消息的人来后，吕蒙派人热情招待，并让他为城内的军士家眷传书送信。关羽营中将士收到了家信，知道家中一切平安，就更没有了斗志，几天之内，士兵就逃走了大半。关羽与蜀中的通路被截断，只得向上庸的刘封、孟达求救，上庸却不发救兵。到了这一年十二月，关羽手下只剩残兵数百人，退守麦城（今湖北当阳）。

援兵迟迟不至，关羽决定突围，但孙权早已设下埋伏。关羽在突围途中为吴将朱然、潘璋所截，寡不敌众，在临沮兵败被俘。不久，关羽与儿子关平一道被孙权处死。

孙权将关羽的头颅送往曹操处，曹操敬重关羽，以王侯之礼将其厚葬于洛阳郊外，即今洛阳关林。而关羽的身躯则被葬于当阳。因此，关羽在身后长眠于两地，也就是民间俗称的"头枕洛阳，身卧当阳"。

关羽的败亡，和他本人的性格缺陷有很大关系。他骄傲自大、目中无人，既没有处理好与同僚的关系，又与孙权交恶。尤其是在樊城取得大胜后，关羽被胜利冲昏了头脑，放松了对东吴的戒备，最终导致了自己的悲剧。从另一方面来看，刘备任用关羽守荆州，却没有派得力的谋臣辅佐他，匡正他的过失，纵容他孤军北上，又没有及时给予他援助，也负有重要责任。关羽的失败，不仅让刘备集团失去了一员大将，而且还丢失了战略要地荆州，"隆中对"的战略从此也就化为泡影了。

关羽走向神坛

关羽在史书《三国志》中只是一名武将，但在死之后的一千多年中，他的故事被不断地演绎，他的形象也被逐渐推向了神坛，这是为什么呢？

在唐朝时，关羽就已经作为神受到祭祀。湖北当阳的玉泉寺，据传是关羽逝世的地方，唐朝佛教盛行，关羽被奉为守护佛的洛阳伽蓝神受到拜祭。关羽地位的进一步提高是在宋朝。宋朝长期遭受辽、金、西夏等北方游牧民族的入侵，军事较为薄弱，因此皇帝对古代的名将极为崇敬，关羽就在这时被追封为"义勇武安王"，作为保佑宋朝的武神受到祭拜。

到了明清，由于晋商的兴起，关羽的地位再一次被提高。关羽是山西人，晋商在行商时，常常将"老乡"关羽奉为守护神，晋商的生意越做越大，关羽的崇拜也就越传越广。关羽在明朝被封为"关圣帝君"，关帝庙开始遍布全国各地。到了清朝，关羽"忠义"的故事又受到了统治者的追捧，清朝的统治者是来自关外的满族贵族，他们希望将关羽打造成一个"忠义"的楷模，引导被他们征服的汉人向清朝效忠，以巩固自身的统治。雍正帝曾下令将各地的关帝庙改称武庙，与供奉孔子的文庙并立，由此，关羽成为与孔子并列的圣人。

如今，关公崇拜在民间已经深入人心，并且远播海外，成为中华文化的一部分。

❀ 思 考 ❀

（一）关羽为何会在胜利的大好形势下迅速走向败亡？

（二）如果你是刘备或孙权，会如何处理双方在荆州问题上的纠纷？

（三）关羽作为一名史书中着墨并不多的武将，为何会在后代被奉为武圣、财神、关帝？

第四节 曹丕代汉

世子之争

　　这一节我们将视野再拉回曹魏。就在关羽的首级送到洛阳后不久，曹操也身患重病，生命到了尽头。那么，谁将继承曹操一手打下来的魏国基业呢？

　　选择接班人，一直是令曹操头疼的一个问题。曹操共有二十五个儿子，长子曹昂为刘夫人所生，原本是顺理成章的嗣子人选，但在宛城之战中，由于张绣的反叛，曹昂不幸死于乱军之中。其余的儿子里面，比较出类拔萃的有卞夫人所生的曹丕、曹彰、曹植，以及环夫人所生的曹冲。

曹彰是一员猛将，因为生得黄色胡须，被曹操呼为"黄须儿"。曹操在汉中作战时，代郡乌桓叛乱，曹彰率军大破叛军，很受曹操器重。然而，曹彰有勇无谋，只是一员猛将，没有治理国家的能力。曹冲是一名神童，从小就聪明仁爱，"曹冲称象"的故事更是家喻户晓，曹操经常在群臣面前称赞他，有传位给他的意愿。可惜曹冲短命，十三岁就因病夭折。这样，接班人的人选就落在了曹丕和曹植兄弟之间。

曹丕字子桓，从小就练习骑马射箭，饱读诗书，十岁起就随曹操征战。宛城之战时曹丕也在军中，因为骑术精湛才摆脱了追兵。公元211年，曹丕被封为五官中郎将、副丞相，在曹操东征西讨的时候负责镇守邺城大本营。曹植字子建，比曹丕小五岁，十几岁就能诵读《诗经》《论语》及辞赋，文采斐然，脱口成章，曹操非常喜爱他的诗文，对他更为偏爱，东征西讨的时候经常把他带在身边。铜雀台落成时，曹操命曹植作诗，曹植当场即兴吟诵了一首《登台赋》，在坐的人无不钦佩赞叹。

曹操受封魏公后，迟迟没有立世子，原因就是他在曹丕和曹植两人之间摇摆不定。这也使得世子之争暗潮汹涌，曹丕身边聚集了吴质、司马懿、陈群、曹真等党羽，曹植身边则有杨修、丁仪、丁廙（yì）等人出谋划策。曹丕曾经派人求计于足智多谋的贾诩，贾诩回答他："希望您能够弘扬道德，培养气度，勤恳做事，孜孜不倦，不违背孝道，这就够了。"曹丕听从了他的建议，不事张扬，踏实做事。反倒是曹植，因为性格狂放，嗜酒如命，经常触犯曹操的忌讳。有一次，他借着酒兴，私自坐着王室的车马，擅开王宫大门司马门，在驰道上奔驰，让曹操十分失望。

后来，曹操向贾诩询问立嗣的看法，贾诩却沉默不答。曹操问他为何不作声，贾诩说："我在想袁绍和刘表的事情。"曹操大笑，领悟了他的意思。袁绍和刘表都是因为偏爱幼子，废长立幼，导致他们的基业在他们死后迅速崩溃。这对曹操而言是前车之鉴，如果不处理好接班人的问题，他辛苦创立的曹魏江山将很有可能毁于一旦，贾诩的言外之意是，只有选择长子即位才对稳定国家最有好处。公元217年，曹操下令以曹丕为魏国太子，曹丕从世子之争中胜出。

曹操墓

公元 220 年正月，曹操在洛阳病逝，享年六十六岁。

曹操是一个复杂的历史人物，对于他的评价，历史上一直争议比较大。曹操一生戎马征战，亲自参加的大小战役近五十场，足迹遍布大半个中国。他一手开创了曹魏基业，统一了大半个中国，在一定程度上结束了东汉末年以来军阀割据的混乱局面。曹操曾经在一篇《述志令》中坦言：“如果国家没有我曹操，不知道会有几人称帝，几人称王。”（“设使国家无有孤，不知当几人称帝，几人称王。”）这句话虽然带着些傲慢的口气，但符合当时的事实。

在政治上，曹操抑制豪强，改革吏治，任用人才不论出身，使得曹营之中人才济济。在经济上，曹操重视农业生产，推行屯田制，兴修水利，恢复民生，让北方被战乱破坏的生产生活迅速恢复起来。在军事上，曹操深通兵法，善于灵活地调整战略战术，并且广泛采纳众人的建议。他还注重研究兵法，整理注释了《孙子兵法》十三篇，流传至今。在文学上，曹操写下了众多气势豪放的诗歌，开启了建安文学的时代。生活中的曹操，酷爱读书，好学不倦，提倡节俭，不事奢华。他的性格爽朗随和，与人聊天时，经常直来直去，无所顾忌，有一次他聊得起劲，开怀大笑，以至于把头都埋到桌上的菜肴之中，饭菜沾到头巾上也浑然不觉。

然而，曹操也有残暴和狡诈的一面。他迎天子于许都之后，将汉献帝牢牢控制在手中，挟天子以令诸侯，专权霸道，皇帝的尊严已经荡然无存。为了巩固手中权力，曹操多次发起大案，铲除异己，汉献帝身边的汉臣几乎都被除掉。这让曹操在历史上留下了不少骂名，以致成为小说、戏曲中著名的奸臣形象并深入人心。对于那些不与自己合作的名士、大臣，曹操也毫不留情，边让、孔融、荀彧、崔琰、杨修、华佗等都被他杀害或逼迫而死，这也体现了曹操作为政治家的残忍之处。但总的来说，曹操可以称得上是汉末三国第一等的英雄人物。

曹操临终前，颁布过一道《终令》，选择邺城郊外西门豹祠以西的原上作为自己的长眠之所，明确提出不许厚葬，要将自己埋葬在瘠薄的土地之上，陵墓内不藏金玉珠宝，陵上不堆土，不植树。此后很长一段时间，曹操墓即高陵的具体位置一直是一个谜，民间甚至传说曹操怕死后被仇家掘墓，给自己设下了七十二个疑冢。后来根据考古学家调查，所谓的曹操七十二疑冢其实是北朝时期邺城郊外的墓葬。

2008 年至 2009 年，考古工作者对位于河南安阳西高穴村的一座大墓进行抢救性发掘，发现这是一座东汉末年至曹魏时期的高规格墓葬。墓中发现了一具男性头骨和两具女性头骨，墓中最引人注目的出土文物是一组刻有文字的圭形石牌，上面有"魏武王常所用挌虎大戟"等字样，对确定墓主身份提供了重要依据。最终，经过专家论证和国家文物局认定，这座墓正是曹操墓。

两汉社会盛行"事死如生"的厚葬习俗，帝王陵墓都十分奢华。而曹操墓的发掘中，很少见到金银器具，多是陶制和瓷制的明器，以及墓主人生前所用的铠甲、刀剑等，正和史书中记载的曹操遗命薄葬相吻合。从曹操之后，薄葬就逐渐成为一种风气。当然，曹操提倡薄葬还有一个原因，就是防止盗墓。汉末天下大乱，董卓、曹操、孙权等的军队都进行过盗掘王侯陵墓的行为，窃取埋在地下的金银财宝以充军资。曹操对此有切身的体会，所以推行薄葬，让盗墓者无利可图。然而，安阳曹操墓也遭到了盗墓者的多次盗掘，增加了判定墓主人这一工作的难度。

汉魏禅让

曹操去世后，曹丕继承王位，开始积极为篡汉称帝做准备。

此时，汉献帝已经在曹操手中做了二十五年的傀儡皇帝，身边仅存的汉室忠臣也陆续被曹操铲除。其实曹操在世时，就已经具备了称帝的条件，孙权曾写信给曹操，劝他早日当皇帝，并表示愿意称臣。曹操看完信后笑着说："孙权这小子，是想要把我放在炉火上烤啊。"当时以夏侯惇、陈群为代表的许多曹操臣子也认为，汉室气数已尽，曹操称帝是顺天应人的事情。但曹操考虑再三，还是没有迈出这一步。他说："如果天命真的在我，就让我当周文王吧。"言下之意，就是将称帝这事留给下一辈来做。

于是曹丕即位后，许多臣子为了迎合上意，连篇累牍地写劝进表，列举种种祥瑞迹象，称赞曹丕的德行，逼迫汉献帝将皇位禅让给曹丕。

禅让，是传说中上古尧舜时期一种开明的政治制度，君王不将权力传给子孙，而是传给贤德之人，在后世成为一种美谈。但在曹丕手里，禅让却被包装成改朝换代的理论依据。汉献帝自知汉室已经无法起死回生，不得不下诏让位，曹丕却假惺惺地推辞，如此这般经过了三次辞让的表演，曹丕才接过了禅让诏书。

公元 220 年十月，曹丕在许都南郊的繁阳亭完成了受禅仪式，登基为帝，国号大魏，年号黄初。

> 在第一章我们讲过东汉流行的"五德终始说"，人们认为汉朝将被"土德"代替，"土德"尚黄，因此张角领导的黄巾起义便以"黄天当立"为口号，曹丕选用"黄初"为年号，也是同样的原因。

汉献帝刘协被废为山阳公，得到较好的礼遇，曹丕特许他在封地内用汉朝年号，以天子之礼郊祭，上书不称臣。十四年后，刘协去世，得以善终。

受禅典礼后，曹丕发出一声感慨："舜、禹的事情，我今天才知道。"言下之意，他根本不相信上古禅让是和平移交权力，禅让不过是一个美丽的骗局而已。如今在河南省临颍县，依然保存着一千八百年前的受禅台遗址，以及《公卿将军上尊号奏碑》《受禅表碑》两座石碑，据传为大书法家钟繇所书，碑文以遒劲的隶书书写，大多清晰可见。

曹丕炮制的"禅让制"，开创了一种以和平方式改朝换代的先例，此后，从南北朝到隋唐再到北宋，这一模式为众多废帝自立的权臣所效仿。

落寞的诗人

曹丕即位后，当初跟随曹操征战四方的将领大多已去世或衰老，曹丕大力启用了一批曹氏、夏侯氏的青壮将领，如曹真、曹休、夏侯尚等。但对于那些曾经威胁自己太子位的亲兄弟，曹丕不仅不予任用，反而不断加以抑制，丝毫不讲情面。

曹彰在曹操在世时曾手握兵权，曹操去世后，曹彰率先赶到洛阳，向主持丧事的贾逵索要曹操的玺绶，意欲夺权。贾逵则厉声呵斥他："太子在邺，国有储君，先王的玺绶不是君侯你该问的！"曹彰没能夺权成功，但这件事招致了曹丕的忌恨，他执掌王位后，便剥夺了曹彰的兵权，令他回到封国。后来曹彰进京朝见曹丕，莫名其妙地突发疾病暴毙，年仅三十五岁。

对于弟弟曹植，曹丕也毫不手软。他贬曹植为安乡侯，并诛杀了他的党羽丁仪、丁廙全家（杨修已在此前为曹操所杀）。据《世说新语》载，曹丕曾当面逼迫曹植七步作诗，作不出来就要处死。曹植在七步之内作诗一首，"用煮豆燃豆萁"来比喻兄弟之间的自相残害，让曹丕面有愧色，这就是著名的《七步诗》。原诗为：

煮豆持作羹，漉豉以为汁。

萁在釜下燃，豆在釜中泣。

本自同根生，相煎何太急。

虽然幸免一死，但曹植到了封地后，实际过着被软禁的生活。曹丕禁止他交友，禁止他无诏进京，并且派官员严密监视他，稍有不轨之处就会上报给曹丕。在这种失意落寞的境遇下，曹植的诗文风格也随之一变，充满了哀怨忧伤之感。

《洛神赋》是曹植后期的代表作。一次
他进京朝见曹丕，在归途中经过洛水，想起

传说中的洛水女神宓妃，心有所感，写下了
这篇文章。文中借着表达自己对洛神的爱慕
之情，抒发了郁郁不得志的苦闷心情。

后来曹丕之子魏明帝曹叡（ruì）即位，曹植多次向

朝廷上表，请求为国家效力，去前线征讨吴蜀，即便为国捐躯也无怨无悔。曹植是一个有功名心的人，他虽然文采绝伦，却认为文章辞赋不过是"小道"，建功立业才是他的追求。但曹叡对他更为防范，频繁迁徙他的封地，而且选择的多是贫瘠之地。曹植的生活境遇每况愈下，壮志未酬，心力交瘁，最终死在了陈地（今河南淮阳），年仅四十一岁。他的谥号为思，史称陈思王。1951 年，考古人员在山东东阿发现了曹植的坟墓，墓中的陪葬品极为简朴，可见曹植晚年生活的窘迫。

在历史上，宗室与皇权的关系一直比较微妙，宗室太强盛容易威胁皇权，发生夺位的内乱（如晋朝的八王之乱、明朝的靖难之役），宗室太弱又会使得皇权孤立，以致让外臣有机可乘。曹植晚年曾上表曹叡，痛陈朝廷疏远骨肉宗亲而重用异姓之臣的弊端，提醒他防范权臣威胁曹家皇位。但曹叡并未听取，后来果然就发生了司马懿篡政的事情。

❀ 思　考 ❀

（一）曹操为什么在世子之争中选择了曹丕？

（二）曹操为什么没有迈出代汉称帝的那一步？

（三）曹植的诗文风格为什么分成了截然不同的两个时期？

夷陵之战

第五节

刘备东征

曹丕称帝的次年，即公元 221 年，蜀地传言汉献帝已被曹丕杀害，于是刘备在成都称帝，是为汉昭烈帝。

刘备将国号定为汉，以表示自己是汉朝皇族的后裔，延续着汉室的正统，与曹魏的篡逆分庭抗礼。为了区分之前的西汉和东汉，历史上称之为季汉或蜀汉，有时候也习惯简称为蜀国（但请注意，刘备政权不会自称自己是蜀国）。刘备的年号为章武，"章"通"彰"，意为彰显汉光武帝的功业，重新恢复汉室的江山。

刘备称帝，内部也有不同意见，大臣费诗上疏反对，

认为曹操父子欺凌天子、篡夺帝位，应当集合士兵讨伐逆
贼，如今大敌未灭，却先自立为帝，恐怕会让天下人疑惑。
费诗的直言违逆了刘备，导致被贬往南中担任永昌从事。

　　刘备称帝后并没有首先讨伐篡汉的曹丕，而是积极筹
备讨伐东吴，夺回荆州，为关羽报仇。大将赵云直言劝谏，
认为曹操父子篡汉，是名副其实的国贼，应当首先北伐关
中，魏灭而吴自然臣服，如果舍弃魏国而先伐吴国，孙刘
联盟就将再难修复了。赵云虽然是一员武将，但见解是有
远见的，当时三国鼎立的局面已经形成，魏国强大，而蜀
吴两国弱小，如果蜀吴两国大打出手，最终将被魏国逐一
吞并。但这时候的刘备一意孤行，不听赵云忠言，反而将
他留在江州督军，不带他东征。

　　公元 222 年七月，刘备亲自率领大军从成都出发，挥
师东下，大举伐吴。当时张飞为车骑将军，镇守阆中（今
四川阆中），刘备与张飞相约在江州会师。但不幸的是，张
飞在发兵之前，被帐下部将张达、范强杀害，二人手持张
飞头颅顺江而下投奔孙权。据传说，范强、张达行至云阳，
听说吴蜀议和，便将张飞头颅抛入江中。后来张飞头颅被
渔民打捞上来，埋葬于山麓。这样，张飞和关羽一样，身

后也葬身两处，"头在云阳，身在阆中"，现在四川省阆中市和重庆市云阳县都建有张飞庙。

张飞和关羽最早跟随刘备起兵，身经百战，勇猛无敌。然而他们两人在为人处世上完全相反，关羽对待士卒亲如家人，对士大夫却有一股傲气，张飞对士大夫很尊敬，但对士卒和随从的态度十分残暴恶劣，经常因为小事对士卒鞭打用刑。刘备曾多次劝告他以此为戒，但他并没有听进去。果然，关羽和张飞的性格缺陷导致了他们悲剧的结局。

陆逊火烧连营

刘备率师伐吴，沿长江东下，出巫峡，先头部队在冯习、张南、吴班统领下击败吴将李异、刘阿，进军秭归（湖北秭归）。初战取得胜果后，刘备派镇北将军黄权驻军北岸，防备魏国，又派侍中马良前往武陵山区联络五溪蛮协助作战，刘备自己则亲率主力进军夷陵猇亭（今湖北宜昌），因此这场战争就叫夷陵之战或猇亭之战。

面对刘备的来势汹汹，孙权首先遣使者向曹丕称臣修好，以避免两线作战。孙权为了表示诚意，送还了于禁，并且在信中以十分谦卑与恭顺的话语向曹丕表达忠心。曹丕轻信了孙权，派太常邢贞持节授孙权大将军、吴王，加九锡，领荆州牧，认可了他对长江以南的统治。

实际上，对于孙权的称臣，在当时曹魏朝堂上曾有过一场争论，侍中刘晔认为孙权并没有臣服之心，应该趁这个机会联蜀灭吴。而司空王朗则认为，既然孙权称臣，就应该帮助东吴从北边夹击蜀汉。曹丕两种意见都没有采纳，他想坐山观虎斗，但最终错过了从中渔利的机会。而孙权在关键时刻能够向曹丕屈身忍辱，以退为进，为东吴赢得时间，被史家评价为如同勾践一般的奇才。

稳住曹魏后，孙权开始物色迎击刘备的统帅人选。当时，吕蒙已经病逝，他临终前向孙权推荐朱然继任。朱然是孙氏旧臣朱治养子，又和孙权有同窗之谊，胆略过人，作战经验丰富。但在夷陵之战中，孙权大胆启用了资历不深的陆逊为统帅。

吕蒙奇袭南郡时，陆逊就曾经与他共同设局骗过了关羽，为东吴夺回了荆州。孙权拜陆逊为大都督，统兵五万以拒刘备。当时陆逊统领的将领，或者是孙策时期的老将，或者是孙氏的宗族贵戚，一个个都很骄纵，不肯服从陆逊的指挥。陆逊按剑在手，严明军令，上下一片肃然。

陆逊深通兵法，他看到蜀军锐气正盛，于是采取拖延的战法，收缩兵力，坚守不战。两军相持半年多，到了盛夏季节，蜀军长期作战非常疲惫，又酷暑难耐，士气开始消沉。刘备为了避暑，让士兵在树林中安营扎寨，沿江连营七百里之长，犯了兵家大忌。这一战略良机迅速被陆逊把握住。公元 222 年六月，陆逊果断出击，命令将士每人手执一把茅草，在蜀营外放起火来。大火迅速蔓延，烧毁蜀军连营四十多座，蜀军瞬间土崩瓦解，死者不计其数。

冯习、张南、傅彤等将及蛮王沙摩柯阵亡，黄权后路被截断，不得已投降曹魏。刘备仅带领少数人马突出重围，逃往白帝城（今重庆奉节）。

看到蜀军几乎全军覆没，刘备仰天长叹："我竟然被陆逊折辱，这难道是天意吗？"夷陵之战让蜀汉元气大伤，刘备一病不起。

听到刘备兵败的消息，诸葛亮感叹："如果法正还活着，一定能制止主上东征，即便不能制止，也不至于遭到如此大败。"法正是刘备在入蜀之战、汉中之战时最信赖的谋士，他的过早去世，是蜀汉的很大损失。刘备东征，身边没有法正这样的谋士出谋划策、匡正错误，也是他落败的重要原因。

白帝城托孤

公元 223 年春，刘备在白帝城病势日益加重，召丞相诸葛亮、尚书令李严前来议事，将太子刘禅托付给他们，史称白帝城托孤。

　　刘禅此时只有十七岁。刘备中年得子，对刘禅比较溺爱，在平定益州后就一直将他留守在成都，安排董允、费祎、尹默等文臣辅导他的学业。因此，刘禅缺乏军事与政治的历练，刘备对于他能否继承兴复汉室的事业很没有信心。但诸葛亮经常向刘备夸奖刘禅的才智，说他超出了人们的期待。刘备听闻此话，很是欣慰，给刘禅写下了一封遗诏，其中有这样一句话流传很广："勿以恶小而为之，勿以善小而不为。惟贤惟德，能服于人。"意思是，不要因为坏事很小就去做，也不要因为善事很小就不去做，只有贤德的人才能够服众。这是刘备临终前对刘禅的教诲，希冀他亲贤远佞，从善去恶，成为一位有道明君。

　　尽管这样，刘备仍不太放心，他在病榻前对诸葛亮说："您的才能是曹丕的十倍，一定能够安定国家，实现复兴汉室的大业。如果太子刘禅可以辅佐，您就辅佐他，如果他不能辅佐，您就取代他。"诸葛亮一听这话，泪流满面地说："臣一定竭尽全力，效忠太子，直至死去！"当时刘禅留守成都，他的弟弟鲁王刘永在刘备身边。刘备嘱咐刘永："我死之后，你们兄弟要像对待父亲一样对待丞相。"

　　对于白帝城托孤这段史事，后代一直以来有两种解读。一种观点认为，刘备临终前的这番话是真情流露，将兴复汉室的未竟事业托付给诸葛亮，体现了君臣相知的情谊。而另一种观点认为，刘备是暗藏心机，明知道诸葛亮不可能做出自立为帝的篡逆行为，却将这样的话说出口，是在用道德绑架的手段，逼迫诸葛亮当众表态永远效忠于刘禅。

当年四月，刘备病逝于永安宫，时年六十三岁。太子刘禅在成都即位。历史上习惯称刘备为先主，刘禅为后主。丞相诸葛亮总管朝政大事。

刘备是三国时期的传奇人物，他出身卑微，才智平平，却能够在乱世纷争的夹缝中生存下来，并且建立了三分天下有其一的蜀汉基业。与曹操相比，刘备的个人能力显然逊色很多，但他为人仁厚，礼贤下士，爱民如子，因此才能让诸葛亮、关羽、张飞、赵云这样当时的一流人才忠心追随，尽心效力。刘备一生非常坎坷，屡屡遭受失败，但总是能够在失败后重新振作起来，生命力极强，这种百折不挠的性格也是他能够在乱世中崭露头角的重要因素。

因为刘备始终以"恢复汉室"为奋斗目标，所以在后世的小说、戏曲中，他的形象得到了一定程度的美化，被赋予了理想主义者的情怀。但是我们也应看到，历史上的刘备其实是复杂的。周瑜、鲁肃都评价他是"枭雄"，这其实并不是一个好词。枭鸟，即猫头鹰，古人认为这是一种会食父母的恶鸟，刘备曾经寄身各路诸侯手下，但最终不是叛离而去，就是夺取了别人的地盘，这也体现了刘备作为政治家的狡诈与伪善。刘备入蜀后，因为私人旧怨和言语悖逆处死了蜀中名士张裕、彭羕，这和曹操对名士的血腥屠戮是一样的。

🌀 孙吴建国

吴国在夷陵之战中大获全胜，陆逊的功劳最大，孙权封他为辅国将军、领荆州牧、拜江陵侯，自此陆逊成为东吴继周瑜、鲁肃、吕蒙之后的第四任军事统帅。

四任统帅中，除了周瑜是孙策时期的旧臣，其余三位都是孙权慧眼识珠，一手从底层提拔起来的。当时孙权派都尉赵咨出使魏国，魏文帝曹丕问他："吴王是什么样的主公？"赵咨说："聪明、仁智、雄略之主。"曹丕让他解释。

赵咨说："将鲁肃从凡人中选用出来，是他的聪；将吕蒙从行伍中提拔起来，是他的明；俘虏了于禁却不加以伤害，是他的仁；取得了荆州却不用兵戈，是他的智；据有三州的土地虎视天下，是他的雄；屈身于陛下，是他的略。"曹丕顿时无话可说。赵咨的表述虽然有溢美的成分，但比较准确地评价了孙权的雄才大略。

从年龄来说，孙权足足比曹操和刘备小了一辈，他的吴国又建立在当时社会经济并不太发达的江南，并且同时面对曹操和刘备两个强劲的敌人，因此需要根据时局的变化，时而联刘抗曹，时而联曹抗刘，通过灵活的制衡手段来维持吴国的江山。另一方面，曹操挟持汉献帝以正统自居，刘备打出汉室苗裔的身份亦以正统自居，而孙权建立政权的合理性最弱，所以他的立国也就更加艰难。

夷陵之战后，刘备逃往白帝城，徐盛、潘璋、宋谦等东吴将领向孙权上书，请求乘机进攻蜀国。但陆逊认为，曹丕对东吴始终虎视眈眈，此时更重要的事情是防备曹魏进犯。孙权听从了陆逊的意见，及时撤兵，并且部署各路兵马进行防御。

果然，曹丕得知孙权战胜的消息，便催促孙权送太子孙登到洛阳做人质。孙权不从，曹丕遂以此为借口，大发军队南征。这时候，无论是当年支持伐吴的刘晔，还是支持伐蜀的王朗，都反对出兵东吴，但自负的曹丕依然派出了三路大军：西路以曹真、张郃、夏侯尚攻江陵；中路以曹仁攻濡须；东路以曹休、臧霸出洞口。孙权则派出朱然、朱桓、吕范等分路拒敌。战争过程中，东西两路双方互有胜负，中路吴将朱桓仅以五千人大破曹仁，斩其将常雕。不久，曹营中爆发瘟疫，曹丕不得不将三路大军撤回，南征无果而终。

魏吴关系破裂，孙权也结束了对曹丕的臣服关系。从公元 222 年开始，孙权以"黄武"为东吴的新年号纪年，"黄武"是从魏国的"黄初"与蜀汉的"章武"中各取一字而来，三个年号同时存在，三国鼎立的局面正式形成。但是此时的孙权名义上还只是吴王。直到公元 229 年，陆逊取得石亭之战的大捷，一举解除了曹魏对东吴的军事威胁，孙权才在群臣推举下登上帝位。

东吴无论是建号还是称帝，都是三国之中最晚的一个，但它也是三国之中存续时间最长、最晚灭亡的国家。

✻ 思 考 ✻

（一）某影视剧里，刘备的军队打着一面写着"蜀"字的旗号，请问这部剧犯了怎样的历史错误？

（二）关羽、张飞之死和他们的性格缺陷有怎样的关系？

（三）刘备东征犯了哪些错误？这些错误是否可以避免？

（四）你怎样理解刘备白帝城托孤时对诸葛亮说的那番话？

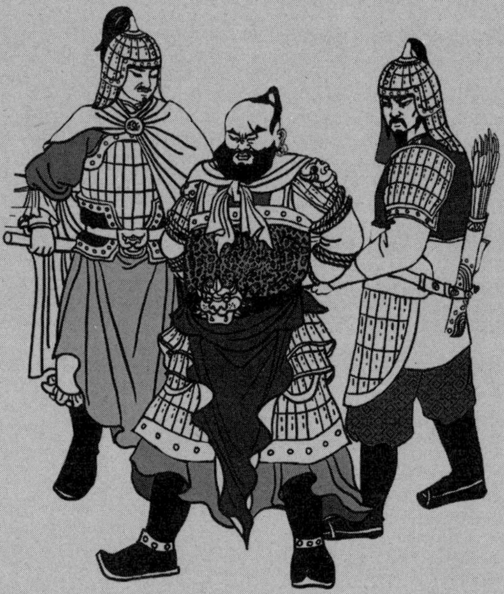

第五章

魏蜀吴的江山

这次由诸葛亮主导的吴蜀联盟，让蜀汉解除了东边的威胁，可以专注于后来的北伐大业。后来孙权称帝，诸葛亮派陈震出使庆贺，与吴国达成二帝并尊的盟约，并且相约在消灭魏国后，瓜分魏国领土，豫州、青州、徐州、幽州归吴，兖州、冀州、并州、凉州归蜀，司州则以函谷关为界分归两国。

第一节 诸葛亮治蜀

吴蜀二次结盟

从公元220年开始，魏蜀吴三国陆续建号称帝，三国鼎立局面正式形成。

但是三个国家的国力并不均衡。从疆域上来看，东汉的十三州中，魏国拥有司隶、冀州、幽州、并州、兖州、豫州、青州、徐州、凉州九州以及荆州、扬州北部的一部分；吴国拥有荆州、扬州的大部及交州；蜀国只拥有益州。从人口上看，魏国443万、吴国230万，蜀国仅有94万（均为各国灭亡时的人口统计）。再加上当时北方的经济、文化程度仍然要高过南方不少。因此，魏国的优势十分明显，

魏

洛阳

长安

建业

益州　蜀

吴

国都兼州治

------- 分界

—— 江河

山脉

三国鼎立示意图

三国实际上一直处于一强两弱的局面。

蜀汉在三国中地盘最小，人口最少，国力最弱，而且刚刚遭受了夷陵之败和刘备逝世，益州内部又出现了大大小小的叛乱，可以说，蜀汉处在风雨飘摇的危急时刻。就像后来诸葛亮在《出师表》中形容的那样："此诚危急存亡之秋也。"

后主刘禅即位后，加封诸葛亮为武乡侯，授予他开府治事的权力，不久又让他兼领益州牧。蜀汉政事无论大小，都由诸葛亮全权负责。内忧外患之下，如何重新振兴蜀汉是诸葛亮面临的最主要的问题。

诸葛亮早在"隆中对"中就提出了联孙抗曹的构想，他也始终是孙刘联盟的维护者。诸葛亮主宰朝政不久，就开始修复吴蜀两国关系，尽力弥补刘备东征造成的损失。实际上，早在夷陵之战后，孙权就派使者郑泉前往白帝城，主动提出两国休战和好的建议。后来魏吴交战，孙权摆脱了对曹丕的臣服，吴蜀双方重新认识到一致对付曹魏的重要性。于是在公元 223 年十月，诸葛亮派邓芝出使吴国，与吴国重新结盟。

孙权召见邓芝，表示了自己的顾虑，他担心蜀国幼主即位，国家弱小，不能够抵抗曹魏的进攻。邓芝则回应说："蜀汉政事由丞相诸葛亮主持，他是当代的人杰。吴蜀两国拥有四州之地，蜀有崇山峻岭作为险阻，吴有大江作为阻隔，两国可以说是唇齿之邦，进可以并力取天下，退可以鼎足而立。如果大王委身事曹丕，那么江南之地便不再是大王的了。"孙权觉得邓芝分析得有道理，于是和蜀汉重新和好，并且派张温回访蜀汉。

这次由诸葛亮主导的吴蜀联盟，让蜀汉解除了东边的威胁，可以专注于后来的北伐大业。后来孙权称帝，诸葛亮派陈震出使庆贺，与吴国达成二帝并尊的盟约，并且相约在消灭魏国后，瓜分魏国领土，豫州、青州、徐州、幽州归吴，兖州、冀州、并州、凉州归蜀，司州则以函谷关为界分归两国。

此后，蜀吴两国之间基本保持着和平关系，没有发生过战事。然而，蜀汉付出的代价是永远失去了荆州，"隆中对"中提出的两路北伐的计划化为泡影，后来诸葛亮只能从汉中—关中这一路实施北伐，难度就变大了。

☁ 蜀汉经济的恢复

益州虽然有"天府之国"的美誉，但在两汉时期，由于与中原山水相隔，生产力和经济水平相对还比较落后。刘焉父子统治时期，由于主政者放任地方豪强对百姓的盘剥，蜀地人民的生活一直比较艰难。

诸葛亮主政蜀汉后，推行了一系列措施完善政治制度，发展社会经济。比如，他主持制定了蜀汉的国家法典《蜀科》，无论亲疏远近，无论贵族还是百姓，凡有犯法者都要依法处置，让蜀地秩序井然，面貌一新。

成都平原土地肥沃，是农业生产的绝佳地域，当年秦国就是先占据了巴蜀，兴建了著名的水利工程都江堰，将这里打造成秦国的大粮仓，才有了后来兼并天下的资本。诸葛亮在蜀汉大力发展农业，要求官员督导农民按照时节播种收获，并减轻赋税，抑制豪强对土地的兼并。他同时设置了堰官一职，专门维护都江堰，保证农田的灌溉。

手工业方面，盐和铁是当时国家经济的命脉，两汉采取盐铁官营的政策，政府财政大获其利。巴蜀地区历来就是井盐的主要产地，但是到了东汉末年，井盐的生产管理一度比较混乱，生产效率也很低。诸葛亮重新恢复盐铁官营，设置司盐校尉、司金中郎将负责盐铁生产和兵器、农具的制造，蜀汉的制盐业迅速发展起来，盐税也成为了蜀汉经济收入的重要来源，后世甚至有人称诸葛亮是"以盐立国"。

蜀汉的兵器制造业也十分发达。诸葛亮任用了名匠蒲元在斜谷打造兵器，蒲元擅长冷水淬炼技术，刀剑打造得极其坚韧锋利。他在淬炼时对水质的要求十分苛刻，他认为汉水"钝弱"，不能用来淬炼，派人专程去成都汲取爽烈的蜀江之水。运水的人在路上不慎将水桶倾倒，便就近取涪水八升掺杂进去，试图蒙混过关。结果蒲元在淬炼铁刀的时候，一眼就发现水中掺杂了八升涪水，众人连连称奇。蒲元为诸葛亮铸刀三千口，为了检验刀的质量，他让士兵用竹筒灌满铁珠，举刀猛砍，就像砍草一样爽脆。时人都称赞蒲元铸造的刀是"神刀"。

诸葛亮本人也是一位发明家，他亲手改造的连弩，又称为元戎弩，用铁打造箭矢，箭矢长八寸，连弩机关巧妙，扣一次扳机可以发出十支箭，威力很大。他还研发了木牛、流马两种运输工具，帮助蜀军在崎岖难行的山路上运输粮草，保障补给。

蜀地还有一大经济特产，就是蜀锦。诸葛亮治蜀，大力发展丝织业，鼓励人民种桑、养蚕、织锦，他还专门设置了锦官，负责管理蜀锦的生产和调拨。蜀汉的蜀锦工艺精湛，质地坚韧，远销魏、吴，为蜀汉带来源源不断的收入。诸葛亮曾经感叹："讨伐敌人所需要的资金，都要依靠这些蜀锦啊！"蜀汉的国都成都，后来就有了一个别称"锦官城"。

经过诸葛亮的精心治理，蜀汉很快摆脱了贫弱的面貌，政治清明，经济繁荣。诸葛亮也赢得了蜀地民众的尊敬与爱戴。

南中的平定与开发

益州的南部，大致是今四川南部、云南、贵州一带。两汉时，这里设有越巂（xī）、益州（州郡同名）、永昌、牂牁（zāng kē）四郡，统称为南中。南中与中原相距遥远，属于化外之地，居住在这里的夷人拥有较强的势力，经常反抗朝廷的统治。

刘备平定益州后，先后以邓方、李恢为庲（lái）降都督，负责管理南中地区。他们采取宽柔的方式，让南中的夷人和汉人都十分信服。但好景不长，刘备在夷陵战败，蜀汉政权风雨飘摇，益州郡豪强雍闿联合牂牁太守朱褒、

越嶲夷王高定等发动叛乱。他们攻打郡县，杀害官吏，并且与吴国勾结，引起了蜀汉的恐慌。

　　诸葛亮起初试图用和平的方式解决叛乱，他让曾在南中有一定威望的李严写信给雍闿，劝他就此收手，但雍闿不依，说："现在天下三分，有三个皇帝，我不知道该听从

哪个。"与此同时，雍闿散布谣言，说蜀汉政府要向夷人强征乌狗三百头，必须胸口纯黑，以及蟒脑虫三斗，三丈长的断木三千枚。夷人久被汉朝官吏盘剥，信以为真，于是在首领孟获的带领下纷纷响应。整个南中只有永昌郡在功曹吕凯、府丞王伉的防守下未被叛军攻占。

公元 225 年，诸葛亮决定亲自率兵征讨南中，以解决蜀汉北伐的后患。长史王连劝谏诸葛亮："南中自古就是不毛之地，是瘟疫盛行的地方。您是国家依赖的人，不宜举国之力，冒险征服。"然而，当时蜀汉的名将关羽、张飞、马超、黄忠等都已谢世，诸葛亮考虑到其他将领都不如自己，坚持要亲自讨伐。

诸葛亮出兵之前，参军马谡（sù）的一席话让他很有启发。马谡认为，南中地势险要且偏远，不服从朝廷已经很久了，如果用武力打败他们，他们积蓄力量之后还会再次叛乱。因此他提出此次南征应当"攻心为上，攻城为下。心战为上，兵战为下"。马谡是诸葛亮的好友马良的弟弟，马良在夷陵之战中战死，因此诸葛亮格外照顾马谡，注重对他的栽培。马谡"攻心为上"的策略与诸葛亮不谋而合。

　　诸葛亮南征兵分三路，西路由诸葛亮亲自统兵，进入越嶲，一举击败了高定的叛军；中路军由庲降都督李恢统兵，向叛乱的中心益州郡建宁县进发，与诸葛亮遥相呼应；东路由门下督马忠进入牂牁郡，顺利击败了朱褒的叛军。这时候，叛军发生内讧，首领雍闿被高定的部曲杀害，叛军的领导权落到了夷人首领孟获的手中。

　　孟获在南中的夷人和汉人之中有很高的威望。二十世纪考古工作者在云南昭通陆续发现了孟孝琚碑、孟滕子母印等文物，证明了孟氏在东汉时就是南中的大姓豪族。诸葛亮统军渡过泸水，深入南中腹地，与孟获交战。

　　　　据《魏晋春秋》记载，诸葛亮曾经对孟获"七擒七纵"，这一描述后来被小说《三国演义》扩充成生擒七次又释放七次的精彩故事。实际上，这里的"七"可能是泛指多次的意思。

　　诸葛亮多次捉住又开恩释放孟获，最终使得孟获心悦诚服，率部向诸葛亮投降，并保证南中永不再反。至此，南中的叛乱基本平定。

诸葛亮在平定南中后，对南中的行政区划做了重新调整，改益州郡为建宁郡，以李恢为太守。增置云南郡、兴古郡，以吕凯为云南太守。诸葛亮决定对南中不留兵、不运粮，由南中人自己来管理南中，他宽柔的政策消解了南中少数民族与蜀汉的矛盾，让南中安定了下来。此后几十年间，南中虽然也频繁发生局部叛乱，但没有对蜀汉的政权构成影响。

诸葛亮平定南中的另一个收获是获得了大量兵源，他遴选出南中上万家夷人勇士，将他们举家迁徙到蜀地，并且编为五支部队，勤加操练。这些夷人长期在山林中生活，勇猛无畏、体格强健、行动敏捷，往往能够在山地作战中担任冲锋陷阵的角色，号为"飞军"。这五支精锐部队在后来的诸葛亮北伐中发挥了重要作用。此外，南中大族也开始有机会进入蜀汉高层做官，如南中大姓爨（cuàn）习官至领军，孟获担任御史中丞，孟琰官拜辅汉将军、虎步监，曾参与诸葛亮第五次北伐。

出师北伐

出师表

诸葛亮主政蜀汉之后，外和孙吴、内修政理、恢复经济、平定南中，新生的蜀汉政权在短短几年内气象一新。而与此同时，魏文帝曹丕却不长命，于公元 226 年病逝，年仅四十岁，太子曹叡即位，是为魏明帝。

曹叡当时只有二十三岁，曹丕遗诏命中军大将军曹真、抚军大将军司马懿、镇军大将军陈群、征东大将军曹休共同辅政。

曹魏的这一内部变动，被蜀吴两国看在眼里，并视为北上中原的机会。吴王孙权认为，魏国从曹操到曹叡，一代不如一代，如今则是主弱国疑，权臣当道，已经显现出衰亡的迹象。就在曹叡即位当年，孙权命左将军诸葛瑾率兵进攻襄阳，自己率军进攻江夏，但曹魏早有防备，孙权没有占到便宜，反而损兵折将。

诸葛亮也认为曹魏权力的更替是北伐的好时机，但他做了更为充足的准备，他带领大军进驻汉中，训练士兵，屯田储粮，将汉中打造成北伐的基地。

公元 228 年春，诸葛亮向后主刘禅写下表章，请求出师北伐，这份表章就是历史上赫赫有名的《出师表》。

在《出师表》中，诸葛亮首先分析了当前的局势，认为天下三分的局面已经形成，而蜀汉力量最为薄弱，但是朝中的臣子们为了报答先帝与后主的恩情，无不尽心竭力地为国家效劳。他希望后主能够继承先帝的遗志，广开言路，听取忠臣志士的建议。

随后，诸葛亮对后主施政提出了一些具体的建议，他认为无论是皇宫还是官府，都应该遵守法律，严明赏罚，不能偏私。诸葛亮举荐了郭攸之、费祎、董允、向宠等官员，认为他们在先帝的时候就被赏识和提拔，希望后主亲近他们、信任他们。诸葛亮希望后主汲取西汉兴隆、东汉衰亡的教训，亲贤臣，远小人。

诸葛亮在《出师表》中回顾了刘备对他的知遇之恩，他说："我原本就是躬耕南阳的一介布衣，先帝屈尊三顾茅庐，向我咨询天下大势，我备受感召，决定为他效劳。先帝临终前，将兴复汉室的大业托付给我，受命以来我日夜操劳，唯恐辜负了先帝的厚望。如今南中已经平定，兵器和甲胄也已经齐备，应当率领三军，挥师北伐。"对北伐的目的，诸葛亮是这样描述的：消灭篡汉的奸贼，兴复汉室，将国都迁回汉朝的旧都洛阳。字里行间，表露着必胜的决心。

《出师表》是诸葛亮充满真情实意的一篇文章，既陈述了自己的政治主张，又抒发了为了汉室大业尽心竭力的人生追求，千百年来感动着许多仁人志士。南宋诗人陆游在《书愤》一诗中说："出师一表真名世，千载谁堪伯仲间。"文天祥在《正气歌》中说道："或为《出师表》，鬼神泣壮烈。"

子午谷之谋

从公元 228 年到公元 234 年，诸葛亮在七年之内先后发动了五次对魏国的北伐。

> 小说《三国演义》上说的"六出祁山"是不符合史实的，因为诸葛亮与魏国作战有六次，其中一次是防御，其余五次为北伐，而北伐的方向也不全是出祁山，只有第一次和第四次是通过祁山道进军的。

说到诸葛亮北伐，我们就不得不先交代一下当时的地理大势。

在中国历史相当长的时间里，由于山水阻隔、交通条件简陋，北方与南方之间主要存在着三个通道：西道是从关中出发，经过秦岭之间的峡谷进入汉中，再经由蜀道进入巴蜀。秦国吞并巴蜀以及刘邦反击关中都是走的这条道路；中道是通过伏牛山、桐柏山之间的隘道，从南阳南下襄阳，并经由汉水抵达长江。曹操南下争荆州与关羽北上围樊城都是在这条道路上；东道是从淮河流域出发，经由淮河的多条支流及运河，南下至长江下游地区。孙策攻略江东以及曹操与孙权争夺淮南都是在这条道路上。

因此，当天下南北分裂之时，北方政权想要南征，南方政权想要北伐，都必须从这三条通道中做选择。

三国就是一个典型的南北分裂时期。按照诸葛亮在"隆中对"里的规划，刘备需要先跨有荆州和益州，这样就可以从西道（汉中—关中）和中道（襄阳—南阳）同时发动北伐，然而由于关羽丢失了荆州，蜀汉北伐就只有从汉中至关中这唯一的通道了。

汉中与关中之间，隔着一道天然的屏障——秦岭。秦岭自西向东绵延很长，而且山势奇险，平均海拔在 1500 米以上，成为中国天然的南北分界线。想要翻越秦岭，只能选择秦岭之中狭窄崎岖的谷道穿行。这样的谷道自西向东主要有五条：祁山道、陈仓道、褒斜道、傥骆道、子午道。

这几条道路比较起来，各有利弊。比如祁山道最为平坦，适宜行军，但需要绕道陇西，路途较远。子午道路途最近，可以从汉中直插长安，但是路途艰险难行，有被伏击的危险。陈仓道是楚汉相争时刘邦出兵的路线，留下了

"明修栈道，暗度陈仓"的典故，也是汉中到关中的主要道路，但曹魏在道口修筑的陈仓城十分坚固，不易攻克。

选择哪条道路出击，关系到北伐的成败。诸葛亮在与众将议事时，大将魏延就提到，目前长安的守将是夏侯惇之子、曹操女婿夏侯楙（mào），此人怯懦无谋，他请求拨给他五千精兵，沿着子午道进军，不出十日就能抵达长安，那时夏侯楙必将惊慌逃窜，而诸葛亮再率大军从褒斜道入关中，两军只需要二十天就能会师长安城下，关中就唾手可得了。

魏延的"子午谷之谋"是一条冒险的计策，如果成功固然能够出奇制胜，但由于子午道太过于艰险，一旦魏军有所防备，堵住谷口，蜀军将陷于绝境。而诸葛亮谨慎小心，不愿意冒险，否决了魏延的提议。

失街亭

公元228年春天，诸葛亮亲统大军发动第一次北伐。他采取声东击西的策略，派赵云、邓芝率领一队偏师驻扎在褒斜道的箕谷，扬言要出褒斜道取郿县，虚张声势，以此牵制魏军主力，而他自己则统领蜀军出祁山道。他的目标是先攻取陇西诸郡，然后再东下长安。

陇西，又称陇右，即今甘肃东南部、陕西西南部一带。这里位置偏僻，胡汉杂居，此前魏国并没有在此进行大规模的军事部署，因此诸葛亮突然出击，很快就拿下了陇西五郡中的天水、安定、南安三郡。在天水的冀县，诸葛亮还收降了文武兼备的青年将领姜维。一时间，关中震动，魏国朝野恐慌，诸葛亮北伐形势一片大好。

魏明帝曹叡虽然年轻，但并非一个昏庸无能的君主，相反，他做事英明果断，有祖父曹操的遗风。曹叡迅速反应，御驾亲征，前往长安督战，并派遣大将军曹真统率大军驻守郿县防御赵云，张郃统率五万步骑援救陇西。诸葛亮得知魏军援兵赶来，判断他们一定会来抢夺街亭（在今甘肃秦安陇城镇）要地。街亭扼守着咽喉要道，街亭一旦失守，魏军则可以长驱而入，截断蜀军的归路。

但就在这个关键的战略要点，诸葛亮在用人上犯了错误，他没用魏延、吴懿等名将，反而提拔了毫无实战经验的参军马谡去守街亭。马谡拘泥于兵法，放弃了当道下寨，而将士兵屯驻一座孤山上，试图凭借地势冲击魏军。但张郃切断了马谡的水源，将蜀军困在山上，蜀军很快陷入混乱，马谡大败，街亭为魏军所得。

马谡失街亭，直接葬送了诸葛亮第一次北伐，诸葛亮不得不将军队撤回汉中，已经得到的陇西三郡又为魏国所得。

> 在此次退军中，《三国演义》还描写了一个"空城计"的故事，生动地描绘了诸葛亮与司马懿的一场心理战。这个故事最早是西晋一个叫郭冲的人写的，但故事中漏洞很多，比如当时的司马懿镇守宛城，并未参与陇西战事，诸葛亮也不可能将主力兵马交给其他将领，自己只留老弱残兵。所以我们基本可以判定"空城计"是一个虚构的故事。

第一次北伐失利，诸葛亮忍痛斩了马谡，并向后主请求自贬三等。后主降诏贬诸葛亮为右将军，代行丞相之职。另一路赵云统率的疑兵也在箕谷失利，但赵云统兵有方，从容退军，军资和士兵都损失不大。但赵云仍被贬为镇军将军，不久去世。蜀汉人才接连凋零，北伐就变得更为困难了。

南安

街亭

天水

魏

泾水

西县

祁山

上邽

陈仓

渭水

郿

京兆

长安

建威

散关

五丈原

武都

褒斜道

子午道

沔阳

褒中

成固

汉中

汉水

西城

阴平

蜀

成都

第一次进攻

第二次进攻

第三次进攻

第四次进攻

第五次进攻

◎ 都城

◉ 郡治所

● 其他地名

北伐示意图

二次北伐

第一次北伐失利不久，东吴在石亭之战击败魏国大司马曹休，这让诸葛亮又看到了希望，认为曹魏会全力防范东吴，西边空虚，于是在当年冬天迅速发起了第二次北伐。

第二次北伐出师之前，诸葛亮再次向后主上表请战，在奏表中，诸葛亮提出"汉贼不两立，王业不偏安"，他还分析指出，魏蜀两国国力相差悬殊，如果不尽快北伐讨贼，而是采取防御保守的策略，最终将坐困于蜀地。表文最后一句"鞠躬尽瘁，死而后已"，成为诸葛亮的人生写照。

这份奏表被称为《后出师表》。但是因为《后出师表》不见于《三国志·诸葛亮传》和《诸葛亮集》，后世也有人对《后出师表》的真实性提出质疑，比如一种观点认为《后出师表》是其侄子诸葛恪伪造的，这件事我们讲到诸葛恪的时候再说。

这次北伐，诸葛亮选择了走中规中矩的陈仓道。但魏国总督关中军事的曹真早有准备，委派名将郝昭防守陈仓（今陕西宝鸡）。陈仓地势险要，易守难攻，而郝昭又很善于守城。诸葛亮采取云梯、冲车攻城，郝昭就用火箭烧毁云梯，用绳索绑着石磨砸毁冲车。诸葛亮派兵用土填平护城河，打算攀爬城墙，郝昭就在城墙上筑起高墙防御。诸葛亮又派人挖地道，试图袭击城中，郝昭就在城内挖下壕沟，阻挡地道。就这样，诸葛亮昼夜围攻陈仓二十多日，陈仓依旧坚如磐石。此时魏国援军前来，诸葛亮只得退回汉中，但在退军中设计斩杀了前来追击的魏将王双。

两次受挫后，公元229年春，诸葛亮另辟蹊径，派将军陈式攻打武都、阴平两郡（大致为甘肃陇南一带），魏雍州刺史郭淮前来援救，被击败。诸葛亮成功占据了两郡，被后主恢复了丞相之职。

❀ 思　考 ❀

（一）从汉中进攻关中有哪几条道路？地形地势对诸葛亮北伐起到了怎样的作用？

（二）你觉得如果诸葛亮选择魏延的"子午谷之谋"，北伐会取得成功吗？

（三）诸葛亮第一次北伐失败的原因是什么？

秋风五丈原

第三节

诸葛亮与司马懿

屡次遭到诸葛亮的北伐入侵，让魏国非常被动。公元230年，魏国决定转守为攻，由曹真、张郃、司马懿分统兵马，分三路向汉中发起攻击。但这次进军遇到天降大雨，雨水连绵不绝，山谷道路泥泞，行军非常缓慢，魏明帝只得下诏撤兵。魏延趁机率兵西入羌中，击败郭淮，取得小胜。

公元231年春，雍凉大旱，诸葛亮趁机发起第四次北伐，这次他仍然选择第一次北伐的祁山道，在祁山修建军营，并且发明了木牛流马（推测可能是一种木制独轮车），以便在山谷之间转运军粮。此时曹真病重，魏明帝以司马懿督雍凉军队抵御诸葛亮。这是司马懿与诸葛亮第一次面对面的交锋，从此司马懿成了诸葛亮最为棘手的敌人。

诸葛亮听说司马懿前来，留王平围祁山，自己亲自统兵在上邽（今甘肃天水）与司马懿决战。司马懿对诸葛亮分析得十分透彻，他知道蜀军远道而来，运粮不便，急于速战速决，因此司马懿采取防守的策略，不主动与蜀军交锋，深沟高垒，避而不战。魏军将领数次请战，司马懿都不准许，气得魏将议论纷纷："司马公畏蜀如虎，简直让天下人笑话！"后来，司马懿止不住众将的请战要求，不得不派兵迎击，结果诸葛亮派大将魏延、高翔、吴班分三路领兵作战，大败魏军，缴获魏军众多铠甲、角弩等战利品。司马懿只能继续固守不战。

不久，诸葛亮粮尽退兵，司马懿不听大将张郃之言，执意让张郃追击蜀军，致使张郃在木门道遭遇蜀军埋伏，中箭而亡。张郃是当时魏国仅存的曹操时代名将。这是司马懿的一次重大失算。但对蜀汉来说，这一次北伐又功败垂成。

罢黜李严

第四次北伐失败后，诸葛亮将责任归咎于负责督运粮草的李严，奏请后主将他罢免。许多学者认为，这是蜀汉内部派系斗争的一次较量。

李严，字正方，是荆州人士，早先在刘表手下做官，后来避难入蜀，投靠刘璋，以治事能干而闻名。后来刘璋派李严督军抵御刘备，李严临阵倒戈投降刘备，被刘备委以重任。

刘备重用李严，除了看重他的才干以外，更看重的是他兼具荆州和益州的双重背景。刘备入益州后，大量刘璋的旧部投靠过来，其中包括许多在益州很有影响的地方豪强。而刘备带来的文武官员又多是荆州人。因此，刘备想要在益州坐稳，就必须平衡这两派人的势力。当时，许靖、法正、刘巴、孟达、黄权、李严、吴懿等刘璋旧部都被刘备授予重要职位，刘备甚至还娶了吴懿之妹为妻，以表达对这一派人士的亲近和笼络。

刘备白帝城托孤的时候，将李严提拔为中都护，统领内外军事，镇守永安，为丞相之副，李严由此一跃而成为蜀汉仅次于诸葛亮的二号人物。这样安排，显然又是平衡两派的一种手法。但是此时，刘璋旧部的核心人物法正已经去世，孟达、黄权又投降魏国，李严在蜀汉已经显得有些孤掌难鸣了。

后主刘禅登基后，诸葛亮逐渐兼任了益州牧、司隶校尉，并获得开府治事的权力，蜀汉政事事无巨细，都由诸葛亮裁决，李严被逐渐边缘化。后来诸葛亮南征北战，又成为蜀汉的军事统帅，而李严名义上镇守江州（今重庆），却空有名号，实则无所作为。

在诸葛亮北伐期间，李严做了两件事，加剧了他与诸葛亮的矛盾。一是，李严曾在给诸葛亮的书信中，劝他加九锡，进爵称王。这等于是要把诸葛亮推向曹操那样篡逆的地步，诸葛亮当然识破了他的险恶用心，言辞严厉地回信拒绝了此议。另一件是李严打算将益州东部的五个郡分设为巴州，自己担任巴州刺史。这等于是向诸葛亮伸手要权，诸葛亮没有让他如愿。因此，李严对诸葛亮的积怨越来越深。

诸葛亮第四次北伐时，李严留守汉中并总督粮草运输。

由于连日大雨滂沱，粮车无法按时赶到，参军狐忠、督军成藩带来李严的书信，希望诸葛亮班师回朝。但当诸葛亮班师回朝后，李严却惊讶道："军粮还很充足啊，你怎么撤退了？"他还向后主上书，认为诸葛亮是为了诱敌，故意退军。诸葛亮把李严前后的手书信件拿到后主面前一比对，谎言不攻自破。诸葛亮于是联合朝臣上表弹劾李严。李严被废为平民，流放梓潼郡。

李严的倒台，标志着以诸葛亮为首的荆州系彻底主宰了蜀汉朝政，此后继承诸葛亮事业的蒋琬、费祎等都是荆州人士。

秋风五丈原

诸葛亮在汉中进行了三年的休养和整顿。公元 234 年春，诸葛亮大起十万精兵出斜谷，发动第五次北伐，同时派使者赴东吴约请孙权共同出兵，孙权也亲率十万之众向合肥发起进攻。

这是蜀吴两国第一次实现真正意义上的协同北伐，魏国方面也果断应对，魏明帝曹叡以征东将军满宠镇守合肥，并御驾亲征迎战孙权。由于曹真已死，魏明帝拜司马懿为大将军，将统领雍凉军队、抵御诸葛亮的任务全权交给他。

诸葛亮这次放弃了兵出祁山、迂回陇西的路线，而选择了第一次北伐时赵云、邓芝做疑兵的褒斜道。褒斜道的北口就到了渭水之畔，对岸便是董卓当年修筑郿坞的郿县，距离长安已经非常近。诸葛亮驻兵渭水之南的五丈原（在今陕西岐山），司马懿也带兵渡过渭水，与诸葛亮对垒。

司马懿知道蜀军粮草运输困难的弱点，决定继续实行深沟高垒、按兵不动的策略，任凭蜀军如何叫骂也不出战，将蜀军死死压制在渭水南岸。诸葛亮试图派魏延暗渡渭水，迂回到北原下寨，但这个计谋被魏将郭淮识破。诸葛亮无法速战速决，派人给司马懿送来女人的服饰，嘲讽他像女人一样胆小避战。这一激，使得魏军营内群情激昂，将士们不堪受辱，争着要出战。司马懿知道这是圈套，故意向魏明帝请旨出战，实际上是借圣旨来平息将士们的怒气。果然，魏明帝派卫尉辛毗到军营安定军心，辛毗手持代表皇上的节钺，严令三军不得出战，将士们才不敢再说什么。

　　诸葛亮与司马懿在五丈原相持百余天，在军事上始终无法取得进展，而东边战场又传来孙权失利退兵的消息，诸葛亮心力交瘁，终于病倒在营中。司马懿向蜀汉的使者询问诸葛亮平常的生活状态，得知他平日里饮食很少，操劳过度，对军中二十军棍以上的处罚都要亲自过问。司马懿感叹道，像诸葛亮这样食少事烦，生命怎么能长久呢？

　　当年八月，诸葛亮病故于五丈原军营中，时年五十四岁。诸葛亮临终前嘱咐长史杨仪统领军队，缓缓撤回汉中。司马懿得到消息，连忙带兵追击，但当他看到杨仪、姜维等人突然举旗鸣鼓，做出反击姿态，就立即退军回去，不敢追击。当时百姓调侃这是"死诸葛走生仲达"。后来司马懿来到诸葛亮生前的营垒之处，看到他治下的军队如此井然有序，不禁赞叹："真乃天下奇才也！"

魏延之冤

　　诸葛亮刚去世，为蜀汉立下过汗马功劳的大将魏延就蒙冤而死，这是怎么回事呢？

魏延，字文长，从荆州时开始跟随刘备，在入蜀之战、汉中之战中屡立战功，受到刘备的赏识。刘备夺取汉中后，人们都认为镇守汉中的重任会落在张飞身上，但刘备却出人意料地提拔魏延为汉中太守，镇守益州的北大门，让全军上下都十分吃惊。刘备问魏延该如何守卫汉中，魏延答道："如果曹操率领天下的兵马前来，我为大王阻挡住他；如果一员偏将率领十万大军前来，我就为大王把他们彻底吞掉。"语气之豪迈，让刘备十分嘉许。

诸葛亮北伐时，追随过刘备的蜀中大将大多已经逝去，魏延开始发挥越来越重要的作用。尤其是赵云去世后，魏延几乎成为蜀军唯一的名将，他统领蜀汉五军中最精锐的前军，多次击败魏军，声威大震。然而，魏延最大的缺点就是自恃才高，目中无人。他的"子午谷之谋"没有被诸葛亮采纳，就抱怨诸葛亮用兵太过胆怯，自己的才能没有施展之地，但诸葛亮并未与他计较。后来，魏延与诸葛亮的亲信、长史杨仪关系闹得很僵，两人互相看不顺眼，经常会当着众将的面争辩得面红耳赤。诸葛亮对他们都很器重，不忍心偏袒任何一方，这就导致了后来两个人的悲剧。

诸葛亮死后，杨仪主持蜀军退军之事，但是魏延不听号令，说："丞相虽然身亡，但还有我呢，怎么能因一个人的死就荒废天下大事呢？再说，我魏延是什么人，怎能受杨仪摆布，做断后的将领呢？"于是杨仪指挥大军撤退时，就没有通知魏延，魏延非常恼怒，派人焚烧了栈道。两人都向后主上表，指责对方叛变，让后主一时无所适从。最终，杨仪指使马超堂弟马岱将魏延斩杀。而杨仪回朝后，不久也因为出言不逊，被后主流放至汉嘉郡，负气自杀。这两名诸葛亮生前最器重的文官武将，最终落得两败俱伤的下场。

经过此次内耗，蜀汉的人才更为匮乏，北伐也就变得更加遥不可期了。

千古名相

诸葛亮五次北伐，最终皆以失败告终，原因是多方面的：一、蜀汉国力弱小，而且因为失去了荆州，只能从汉中这一路出击，吴蜀两国又始终没有实现有效的协同作战；二、蜀汉从汉中进攻关中，山路险阻，粮草供应困难，蜀军只能谋求速胜，无法进行持久战；三、诸葛亮北伐期间魏国政局始终稳定，魏主曹叡是难得的明君，曹真、司马懿、张郃、郝昭等将都是诸葛亮强大的对手；四、诸葛亮是文臣出身，在内政外交才干上首屈一指，但军事才能并不突出。尤其是蜀汉以弱攻强，需要像韩信、张良那样采取奇谋，必要的时候甚至要冒一点险，但诸葛亮小心谨慎，用兵规整，也就很难出奇制胜。而且他在用人上也屡有失误之处，比如错用马谡而失了街亭，未能处置好魏延和杨仪的矛盾等。

　　诸葛亮为人坦荡，为政清明，一心为公，家无余财，在蜀汉深得民心。他去世后，蜀汉各地百姓都上书朝廷，请求为诸葛亮立庙。但在当时，为当朝臣子立庙是违背礼制的，朝廷没有答应，百姓们就在四时的节日于道路上私下祭祀诸葛亮。直到公元 263 年，后主刘禅才在朝臣的建议下，下诏在汉中沔阳为诸葛亮立庙，祠庙与诸葛亮的陵墓隔汉江相望。因为诸葛亮死后被追谥为忠武侯，所以他的祠庙就叫武侯祠。如今的陕西勉县，依然存有武侯墓与武侯祠。

但如今名气最大的却是位于四川成都的武侯祠。其实，这里原本是刘备的陵墓惠陵以及祭祀刘备的昭烈帝庙，但因为诸葛亮越来越受到崇拜，后世的人们便将原本位于偏殿的诸葛亮像移入正殿，使这里成为一座独特的君臣合祀的祠庙。成都武侯祠内有一副清人赵藩撰写的对联："能攻心则反侧自消，从古知兵非好战；不审势即宽严皆误，后来治蜀要深思。"对诸葛亮攻心为上、以法治蜀的事迹予以褒扬。

> 唐代大诗人杜甫是诸葛亮忠实的崇拜者，曾在许多诗作中赞美诸葛亮，比如《蜀相》一诗中写道："三顾频烦天下计，两朝开济老臣心。出师未捷身先死，长使英雄泪满襟。"表达了对诸葛亮北伐壮志未酬的无限叹惋之情。

诸葛亮是三国时期首屈一指的政治家，也是中国历史上名臣中的典范。如果没有诸葛亮独撑危局，蜀汉政权不

288

会持续四十多年之久。诸葛亮受刘备三顾之恩，将自己的一生奉献给了兴复汉室的大业。尽管蜀汉国力弱小，诸葛亮仍然"知其不可为而为之"，与强大的敌人奋力搏击，直至战斗到最后一刻，真正践行了"鞠躬尽瘁，死而后已"。诸葛亮的高风亮节、竭尽忠诚的精神感染了无数仁人志士，他也得到了历朝历代人们的崇敬和爱戴，武侯祠至今香火不绝。也正因为如此，民间流传着许多诸葛亮神机妙算的故事，后来经过《三国演义》的美化与加工，诸葛亮成为了智者的代名词。

❀ 思　考 ❀

（一）诸葛亮明知蜀弱魏强，为什么还要多次发动北伐？

（二）诸葛亮为什么会得到后世的追捧和崇敬？

（三）你觉得《三国演义》里的诸葛亮与史书中有哪些不同？

第四节 曹魏治理北方

九品中正制

在介绍了两节蜀汉之后，我们将视角转向魏国。

魏国的建立得益于曹操三十余年的征战，它领土广大，人口众多，从综合国力相比，蜀吴两国加起来也难以比肩。尽管魏国的核心领地中原、河北在汉末经过连年战乱，生产力受到了巨大破坏，但在曹操治理之后，这些地方逐渐稳定，尤其是曹魏将屯田制进行广泛推广，人民有了土地耕种，经济很快得到了恢复。

魏文帝曹丕在位只有短短七年，但他推行的几条措施，对后来的政局起到了深远的影响。

　　东汉衰亡的原因是外戚与宦官干政，皇权旁落。汲取这一教训，曹丕很注意抑制宦官与太后的后族的权力。他刚即位就颁布诏书，废除了滋养宦官干政的温床——中常侍一职，将其与散骑合并为散骑常侍，由士族子弟担任，作为皇帝的随从顾问；并规定宦人为官者职位不得超过诸署令。随后，曹丕又下诏规定群臣不得向太后奏事，后族之人不得担任辅政之职，也不能无功受爵。此举有效防止了外戚专政的复现。

　　曹丕对选官制度进行了大刀阔斧的改革，采纳尚书陈群的建议，实行了九品中正制（也称九品官人法）。

　　东汉的人才选拔，主要依靠各级地方官员"察茂才、举孝廉"，选拔标准主要看人才的品德与名望。这种选官方式的弊端是地方权力过大，举荐者与被举荐者之间容易形成利益关系，不利于皇帝的集权统治。曹丕推行的九品中正制，由朝廷选择有名望的官员，到他的籍贯所在地担任中正官，考察当地人才的德行和家世，定为九个品级，并分别写出评语，作为官府录用人才、委以官职的重要依据。

　　曹丕推行九品中正制的目的很明确，就是拉拢那些世家大族，以换取他们支持自己代汉称帝。九品中正制的提出者陈群就出身名门望族颍川陈氏，他是荀彧的女婿，很早就成为曹丕的臣僚，很受曹丕信赖。因此九品中正制并不像曹操"唯才是举"那样能够不看人的出身与品德，完全以才能为评判标准。相反，九品中正制在选拔官吏的时候将德行与家世并列，中正官又逐渐被世家大族把持，以至于到了晋朝以后，家世逐渐成为人才品评的唯一标准，形成了"上品无寒门，下品无士族"的局面，形成了后来的门阀制度。直到隋唐时期，门阀制才被科举制取代。

五都制

曹魏定都于洛阳。洛阳是东汉旧都，但经过汉末乱世，洛阳城池残破不堪，一片萧索。曹魏在东汉洛阳城的废墟上重建都城。近年来，考古发掘证实，曹魏新修洛阳城的规模和形制布局与前代有很大的不同。此前，不论是西汉长安城，还是东汉洛阳城，都城内部都呈现为分散的宫殿区布局。曹魏在继承东汉洛阳城布局的基础上，摒弃了南北二宫的设置，改为单一宫城形制，正殿太极殿、皇帝寝殿式乾殿和皇后主殿昭阳殿三组主殿呈南北纵列的格局，体现出"建中立极"的都城规划思想。由曹魏邺城开创的整座城市中轴对称的城市布局也被洛阳城继承并发展，从而成为后代都城建设的范式。

曹魏还在中国历史上首次推行了五都制，除了洛阳外，还选定了四个陪都，分别是：邺、长安、许昌和谯。邺是魏国兴起之地，曹丕移都洛阳后，邺城依然是曹魏大后方河北的政治中心。长安是西汉的旧都，也是曹魏控制雍凉、抵御蜀汉进攻的战略要地。许昌是东汉最后的都城，曹操奉天子都许而成就霸业，曹丕称帝后改许县为许昌，许昌可以作为洛阳南边的屏障。谯县是曹氏家族的祖籍，可通过水路直下淮南，在曹魏对东吴的作战中可以起到有力的支援作用。

为了有效管理国家，应对蜀、吴的进攻，曹魏在行政区划上除了继承东汉末年州、郡、县三级的制度，还设置了都督区，即给一些身处边境的州牧、州刺史加将军号，让他们兼任都督，拥有更多的军事统领权。比如设雍凉都督治长安、荆州都督治宛城、淮南都督治寿春，有效地抵御了蜀吴的北伐。

但是魏明帝曹叡后期大肆兴建宫室，一反曹操时期节俭的风格，讲求排场，奢华浪费，劳民伤财，给国家带来了很大的损害。

沟通西域

除了要应对南方蜀、吴两国的入侵，曹魏还要处理与北方边境少数民族的关系。曹魏北方有羌、匈奴、鲜卑、高句丽（gōu lí）等少数民族政权，曹魏对他们采取怀柔策略，并且逐渐将他们向内地迁徙，使胡汉杂居，一些少数民族精兵也被编入魏国军队中效力。

高句丽东川王在位时，经常袭扰魏国东北边境。曹魏派大将毌（guàn）丘俭先后两次出兵讨伐高句丽，攻陷其国都丸都城（今吉林集安），并刻石记功。

1906年，毌丘俭刻石记功碑在集安市被发现，现为国家一级文物，存于辽宁省博物馆。

　　毌丘俭东征是中原王朝对东北地区最远的一次征讨，将曹魏的势力拓展至今俄罗斯滨海地区。

　　鲜卑首领轲比能兼并部落，日益强大，而且暗通诸葛亮，对曹魏构成极大威胁。幽州刺史王雄派刺客将轲比能杀死，鲜卑陷入衰落，曹魏边陲得以安足。终魏国一代，北方边境没有出现大的动荡。

　　西域从西汉武帝以来就纳入中国的版图，东汉在西域设西域长史府，负责对西域各国的管理。汉末乱世，凉州多叛乱，中原王朝与西域的通路被截断。公元221年，河西一带的少数民族头领发动叛乱，曹丕派镇西将军曹真率军讨伐，大获全胜，斩首五万余，获得人口十万，牛羊一百多万。此战重新打通了西域和中原王朝的往来。不久，鄯（shàn）善、龟兹（qiū cí）、于阗（tián）等西域诸国派使者来洛阳朝见奉礼。曹丕在西域设戊己校尉，并在高昌一带实行屯田，后来又恢复设置了西域长史府，西域各国与中原的经贸文化往来又频繁了起来。

　　曹魏重新沟通西域，也推动了佛教的发展。佛教自东汉明帝时由西域传入中国，但当时的佛教经文都是由来自天竺或西域的僧人翻译的，佛经被删略了很多，表达的词意既不明确又不连贯。一名叫作朱士行的颍川籍高僧决定远行西域寻找佛经原本。公元260年，朱士行从长安出发西行，经过河西走廊，一路跋涉来到西域的于阗国（今新疆和田一带），得到了《大品经》梵本。他在那里抄写经文，并派弟子把抄好的经本送回洛阳。朱士行被誉为西行求法的第一人，是后来西行取经的法显、玄奘等的先驱。由于朱士行法号"八戒"，有学者认为《西游记》里猪八戒的名字就是由此而来。

倭人来使

曹魏在外交上的一大成就是与日本的交往。当时日本列岛分裂为百余个小国，中国史书上统称其为"倭人"。史载中日之间第一次正式的外交是在东汉光武帝时期，日本某个国家的君主遣使者来汉朝朝贡，光武帝册封该国君主为"倭奴王"，并赐了一枚刻有"汉委奴国王"五字的金印（"委"通"倭"），这枚金印于1784年在日本福冈市出土，如今陈列在福冈市博物馆内。

　　后来倭国内乱，对汉朝的朝贡中断了。曹魏时期，日本列岛出现了一个较为强盛的邪马台国，国人推举了一名叫卑弥呼的女子为女王。公元238年，卑弥呼派使臣难升米乘船来到带方郡，请求朝见魏国皇帝，并献上贡品。魏明帝善待来使，封卑弥呼为"亲魏倭王"，赐以金印紫绶，并回赠了文锦、白绢、黄金、五尺刀、铜镜等礼品。

　　　　在日本，迄今为止已经出土了三百面以上的三角缘神兽镜，其中部分刻有"景初三年""正始元年"的字样（景初、正始为曹魏年号），说明这些铜镜很可能是从曹魏传入日本的，这些铜镜对后来日本的制镜业产生了深远的影响。

　　此后魏国与邪马台国一直保持着友好往来，后来邪马台国与狗奴国发生矛盾，魏国带方太守王颀还派遣使者张政赴倭调停。当时的日本还处于蒙昧时代，没有留下文字记载，反倒是中国的史书《三国志》专门列有《倭人传》，成为记录日本历史风俗的最早文献。

天下名巧马钧

魏国在科学技术方面也取得了长足的进步，其中代表人物就是发明家马钧。

马钧，字德衡，扶风（今陕西兴平）人。曾担任曹魏的给事中，因为善于机械制造，富于巧思，有"天下之名巧"的称号。有一次朝堂上争论传说中轩辕黄帝时期的指南车，散骑常侍高堂隆、骁骑将军秦朗都认为根本不存在指南车，但马钧坚信指南车是可能的。魏明帝听到了争论，就让马钧制造。不久，马钧果然制成了指南车，众人叹服不已。

马钧在兵器研制上也有不少发明创造。当时蜀汉丞相诸葛亮研制了连弩，可以一弩十发，杀伤力很强。马钧看到后说："巧是很巧，但还不尽完美。"马钧在此基础上进行改造，令诸葛连弩的威力增加了五倍。马钧还设计了轮转式发石车，它克服了旧式发石车抛石间隙长的缺点，将石头挂在一个木轮上，用机械带动轮子飞快地转动，这样就可以把石头接连不断地发射出去。

马钧还注意改进农业生产工具。传统的织绫机有一百二十个蹑（踏具），人们用脚踏蹑，织一匹花绫得用两个月左右的时间。经过马钧的改造，织绫机减少到十二个蹑，生产效率比原来提高了四五倍。他还发明了农业汲水的工具翻车（也叫龙骨水车），这种翻车通过巧妙的设计，只需要人在上端踏动踏板，就可以驱动链条，将水源源不断地送上岸来。翻车大大提高了农业灌溉效率，很快就被推广开来。直到二十世纪，中国有些乡村仍在使用翻车提水。

魏国晚期还出现了一名数学家刘徽。他在《九章算术注》一书，创造性地使用了"割圆术"的方法来计算圆周率，求得圆周率 $\pi = 3.1416$，比以前的数值要精确得多。后来南北朝时期数学家祖冲之将圆周率精确到小数点后七位，就是在刘徽研究的基础上取得的成果。

✿ 思 考 ✿

（一）九品中正制带来了哪些深远的影响？

（二）曹魏是如何处理与周边少数民族政权的关系的？

东吴开发江南

定都建业

本节我们来讲位于江南的吴国。在传统的三国故事中，东吴政权往往是配角，尤其是小说《三国演义》，对蜀汉和曹魏着墨较多，对东吴叙述甚少。实际上，东吴作为中国历史上帝制时代第一个割据南方的国家，对于南方的开发做出了巨大的贡献。

在两汉，政治经济的资源集中在北方，江南虽然有着肥沃的土地和湿润的气候，但是地广人稀，生产落后。随着汉末北方人口的南迁和孙吴政权的经营，南方经济开始有了长足的发展，逐渐可以与北方并驾齐驱。可以说，东吴为中国的南方揭开了一个崭新的时代。

公元 229 年，孙权在武昌（今湖北鄂州，非今湖北武汉武昌区）称帝，国号吴，是为吴大帝。几个月后，孙权将国都迁往建业（今江苏南京），留上大将军陆逊辅佐太子孙登镇守武昌。

建业是长江下游的军事要地，但在此前相当长的一段时间内，这座城市只是一个籍籍无名的县城。据说，此地在战国时为楚金陵城，秦始皇东巡时经过这里，有术士告诉他"金陵有天子气"，秦始皇于是将此地改为秣陵，秣是草料的意思，意思这里只能养养马。直到东汉末年，秣陵的战略地位才被发现，曾经为孙策提出"江都对"的谋士张纮力劝孙权迁都秣陵，当时诸葛亮出使东吴，途经秣陵，也称赞这里"钟山龙盘，石头虎踞，此乃帝王之宅也"。

公元 211 年，孙权移治秣陵，并于次年取"建立功业"之意，将秣陵改名为建业（东晋又改名建康），并在此修筑城墙，建筑防御要塞，这就是著名的石头城。孙权称帝后，迁都于建业，并在石头城东修建宫室，这成为南京定都的开始。至今南京的许多文化地标都与东吴有关，如玄武湖是孙权时引水入宫苑后湖而成，乌衣巷是吴国守城部队营房所在地。东吴以后，东晋和南朝宋、齐、梁、陈等王朝相继在此建都，南京遂有"六朝古都"之誉。在东吴的经营下，南方一大批城市开始兴起，名列"江南三大名楼"的黄鹤楼、岳阳楼，前身都是孙权时期修建的军事瞭望楼。

东吴时期佛教盛行，高僧支谦、康僧会等在吴地传播佛法，兴建寺庙，如南京大报恩寺（前身为建初寺）、苏州报恩寺、上海龙华寺、上海静安寺最早都是在东吴时期兴建的。

征讨山越

东吴面对的最大的内部问题是山越。江南多丘陵密林，秦汉以来，为了躲避战乱不少百姓迁往深山之中，与当地的土著越人杂居，并逐渐融合，这些土著越人被称为"山越"。汉末乱世时，许多山越人占山为王，啸聚山林，拥有独立武装，不向州郡缴纳赋税和服徭役，还经常袭扰城市，成为东吴内部的巨大隐患。

孙权即位后，多次派兵讨伐丹阳、会稽、鄱阳、豫章等地的山越人，东吴几乎所有主要将领都参与过对山越的作战。在夷陵之战大败刘备的陆逊，早年就是在平定会稽大帅潘临时崭露头角。公元234年，诸葛瑾之子诸葛恪向孙权主动请命，许以三年时间征讨丹阳山越，可得甲士四万人。孙权任命他为丹阳太守，讨伐山越，诸葛恪采取恩威并施的手法，收降山越十余万人。他将强壮者四万人编入军队，其余迁往平原地带成为政府控制的编户民。东吴对山越的讨伐几乎贯穿了政权的始终，东吴因此获得了大量的人口和兵源，到了东吴亡国时，山越兵已经占到吴兵的半数以上。

同时，江南的大量山区地带也被纳入政府的管辖范围，得到了有效的开发。东吴效仿曹魏在江南推行了屯田制，屯田地点遍布长江沿岸和新建立的郡县。东吴在各郡设置典农校尉、屯田校尉等官员管理屯田，并且重视改善农耕方式、兴修水利工程，提高了经济发展水平。

东吴对江南的开发为后来南方农业的发展以及中国经济重心的南移奠定了良好的基础。

🌀 发现夷洲

东吴与曹魏、蜀汉相比，最大的优势是水战与水运。东吴拥有漫长的海岸线以及长江、钱塘江、闽江、湘江、赣江、珠江等众多河流，地理优势得天独厚。在与魏、蜀相争的同时，东吴还积极拓展海洋战略，开展海外交流，这是中国历代王朝中少有的现象。

公元 226 年，割据交州长达四十年的士燮去世。此前，士燮向孙权表示臣服，但实际仍维持着独立的局面。士燮死后，其子欲叛吴自立。孙权派遣大将吕岱前往讨伐，诛杀士氏一族，将交州纳入东吴版图。交州大致是今广东、广西和越南中南部一带，东吴对交州的控制，打开了通往南洋诸国的大门。

同年，孙权派遣宣化从事朱应、中郎康泰率领庞大的船队出使南洋，宣扬吴国声威，这次下南洋长达六年之久，途经和听闻的国家有百余国，包括扶南（今柬埔寨）、林邑（今越南南部）、堂明（今泰国境内）等。使团在扶南时，还遇到中天竺国（今印度）的使臣，了解到了印度的风土

![logo] 的历史 这样好读

人情。朱应、康泰归国后，根据他们在南洋的见闻，撰写了《扶南异物志》《吴时外国传》，记载了南洋诸国的风土、习俗及历史。通过海路，东吴甚至与远在欧洲的东罗马帝国（中国史书称大秦国）也有了联系，一名大秦商人秦论曾通过交州来到东吴拜见孙权。孙权询问了大秦国的风土

习俗，还派人送他回国。

公元 230 年，孙权派遣将军卫温、诸葛直率领甲士万人乘船出海，寻访传说中的夷洲和亶州，夷洲一般认为就是现在的台湾岛，亶州可能是日本或琉球群岛。对孙权而言，这次的远航并不成功，船队历时一年，耗资巨大，只

抵达了夷洲，并没有找到亶州。回国后，卫温、诸葛直都被孙权处死。但这次远航的特殊意义在于，这是中国大陆与台湾交往的最早的记录。后来，吴丹阳太守沈莹根据此次航行的资料，撰写了《临海水土异物志》一书，书中记载夷洲的地形："土地无霜，草木不死，四面是山，众山夷所居。"还描述当时的夷洲人，男子剃光头穿耳洞，女子不穿耳洞，土地肥沃，既生五谷，又产鱼肉。这也是文献中对台湾最早的记录。

孙权还曾经派遣庞大的舰队从海路抵达辽东，与辽东的公孙渊政权结盟，试图南北夹击曹魏，后来此计谋虽然因为公孙渊的背盟而失败，但东吴的舰队能够开通江南到辽东的航线，足以证明其海上航运的发达。

东吴之所以能够组织如此大规模的海上远航，是因为其造船业十分发达。东吴在沿海、沿江一带设置了许多造船厂，其中规模最大的是建安郡侯官（今福建福州）的温麻船屯，东吴专门设置了典船都尉，东吴晚期，一些有罪的官员都会被贬往这里造船服役。东吴最大的楼船上下共五层，可以乘坐三千名士兵。孙权出征时，经常乘坐专属的"飞云"大船。

🌀 文物中的东吴社会

　　三国距离我们已有一千八百年，通过历史文献，我们已经很难了解它的全貌，但是考古发掘与出土文物让我们对当时的社会生活多了观察的角度，其中东吴的考古文物尤其表现突出。

　　安徽省马鞍山市处于长江下游沿岸，因为紧邻南京，自古以来就是南京西南的门户，汉末三国时孙策就是从马鞍山的牛渚矶（又名采石矶）率众渡江，才有了后来的东吴孙氏江山。1984 年，考古人员在马鞍山发现了一座三国东吴时期的古墓，经过勘查，很快判断出墓主人就是曾经生擒关羽、镇守江陵的东吴大将朱然。

　　在考古工作中，判断墓主人的身份一向是比较困难的事情，朱然墓之所以能够这么快"破案"，就在于在墓中发现了十四枚木刺、三枚木谒。谒和刺，相当于现代社会的名片，上面写有主人的姓名和身份。在当时的上流社会，你去拜访别人，必须先在门口将自己的谒或刺交给侍者通报，主人看过后才决定是否接见和用什么礼节接待。此外，逢年过节的时候，如果自己不方便登门造访，可以让仆人到亲朋好友家里投送名刺，作为庆贺。朱然墓出土的木谒和木刺，用清晰的墨书写着弟子"朱然再拜问起居字义封""持节右军师左大司马当阳侯丹杨朱然再拜"等字样，跟文献记载中朱然的字号、官职完全相符，毫无疑问可以判断这是朱然之墓。

朱然墓中还出土了大量漆器、陶器、铜镜、铜钱等陪葬品，其中漆器上的彩绘尤其引人注目。彩绘内容丰富多样，如"宫闱宴乐图"共画了五十五个人物，有皇帝、后妃、宫女、侍从及高官贵妇，以及在宴席上表演杂技百戏的艺人。"童子对棍图"表现两个稚气十足的儿童手执棍棒嬉戏，惟妙惟肖。这些漆画展现了当时绘画水平之高，工匠技艺之精湛。更值得注意的是，其中有部分漆器的背面写有"蜀郡造作牢""蜀郡作牢"等铭文，说明这些漆器是在蜀国制造的，可能因为赠礼、战利品或贸易等方式流传到了吴国，从中可以一窥三国之间的商品交流。

据文献记载，魏晋时期的贵族喜爱穿木屐，但此前一直没有考古实物来印证。朱然墓中出土了一对中国最古老的漆木屐，这件珍贵的文物有力地证明了木屐最早是中国发明，然后传到了日本。实际上，日本受东吴的影响很深，日本古书中称呼东晋南朝为"吴国"，称其人民为"吴人"，日本的传统服饰"和服"也被称为"吴服"。

1996年，在湖南省长沙市中心五一广场附近的走马楼街发现了众多写着字迹的简牍残片，这些简牍上出现的建安、黄武、黄龙、嘉禾等年号，精准地将年代定位在三国的吴国。简牍的数量极其庞大，总计有十四万余枚，超过了有史以来全中国发现的简牍总和。这一发现在当时震动了考古界。

长沙走马楼出土的海量简牍都是吴国长沙郡府、临湘县及临湘侯国的行政文书，内容包括赋税、户籍、司法、钱粮出入、军民屯田、来往公文等。它们的发现，为研究孙吴政权乃至长沙地区的政治经济情况提供了宝贵的第一手资料。比如，简牍里有一种叫"吏民田家莂"的竹简，比一般竹简要长一些，可视为我国早期的契约文书。契约的内容左右各写一遍，然后从中间劈开，一半给纳税人做纳税证明，一半存留官府备案，就像现在的合同一式两份。在劈开竹简之前，还需要在简牍顶端中间大书一个"同"

字，以备查验时可以合二为一。"合同"一词就是这么
来的。

❀ 思　考 ❀

（一）孙权为什么会选择南京作为东吴的国都？

（二）东吴对南方社会经济的发展做了哪些贡献？

第六章

三国的落幕

至此，从东汉末年以来长达九十多年的分裂局面结束了，三国时代落幕，司马氏建立的晋朝统一了全国。然而，谁都没有料到，统一局面却是那么短暂，仅仅三十年后，北方再度陷入了混乱，晋朝皇室与贵族衣冠南渡，反而是东吴经营多年的江南之地，让司马氏将政权延续了下来。

第一节 司马懿夺权

韬光养晦

诸葛亮病逝后，蜀吴两国都暂时停止了北伐，三国进入到了一个相对缓和的时期。但就在这个时期，魏国内部出现了巨大的政治变动，其中的关键人物就是两度抵御诸葛亮北伐的司马懿。

司马懿，字仲达，河内温县（今河南温县）人。他和诸葛亮一样，都出身本地的名门望族。司马懿的父亲司马防，历任洛阳令、京兆尹，长期担任京畿地区的行政主管。司马防还是曹操初入官场的举荐人之一，因此司马家与曹家关系很密切。司马防有八子，因为表字中都有一个"达"

字，时人称为"司马八达"。司马懿是次子，他的长兄司马朗在董卓时期就已出仕为官，后来在曹操手下担任丞相主簿、兖州刺史，很受曹操器重。可惜在一次东征孙权的途中，司马朗感染瘟疫去世，司马家的命运由此交到了司马懿手中。

司马懿和兄长不同，他在年轻的时候有意保持低调，韬光养晦。史载，起初曹操想要征召司马懿做官，司马懿不肯，故意在家装病，后来曹操威胁他，如果不出来做官就逮捕他，他才勉强接受。司马懿在曹操时期只担任丞相主簿这样低微的职务，但他在世子之争中慧眼识珠，选定了曹丕，与陈群、吴质、朱铄并称"太子四友"，为曹丕的立嗣立下了汗马功劳。因此曹丕称帝后，司马懿开始飞黄腾达，官位越升越高。曹丕南征孙权时，升司马懿为抚军，总管后方，对他十分信任。曹丕曾经在给司马懿的诏书中说："我征伐东边，抚军就总管西边的事情，我征伐西边，抚军就总管东边的事情。"

曹丕驾崩后，司马懿与曹真、陈群、曹休成为托孤大臣，辅佐魏明帝曹叡。但直到这时，司马懿仍是一个标准的文官。魏明帝刚即位，孙权就趁机入侵江夏，当时都督荆州军事的宗室大将夏侯尚也刚刚去世。情急之下，魏明帝任命司马懿统军前去援助。初次上阵作战的司马懿就取得大胜，于襄阳大破吴左将军诸葛瑾，斩吴将孙霸，斩吴兵千余。因为战功，司马懿被加封为骠骑大将军，加督荆、豫二州军事，这是他人生中非常重要的一步，从此他和宗室大将曹真、曹休一样掌握了军权，实现了从文官到军事统帅的转变。

四朝元老

公元 228 年，诸葛亮首次北伐，夺取陇西三郡。此前由蜀汉投奔魏国的新城太守孟达也蠢蠢欲动，私下与诸葛亮沟通，蓄谋叛魏归蜀。司马懿得到消息后，知道事情紧急，顾不得向朝廷禀报，亲自引兵，倍道兼行，八日疾行一千二百公里，抵达上庸（今湖北竹山）城下，孟达措手不及，被司马懿斩杀。司马懿为魏国解除一个大患，并保住了战略位置十分重要的房陵、上庸、新城三郡。

随后，曹休、曹真接连亡故，而诸葛亮、孙权又屡屡犯境，魏明帝对司马懿说："西方有事，只有您可以托付了。"调他西屯长安，都督雍凉军事。司马懿两次与诸葛亮对垒，他虽然用兵不如诸葛亮，但能够审时度势，利用蜀军运粮困难的弱点，坚守不出，采取拖延消耗的策略，最终让诸葛亮的北伐大业功败垂成。

诸葛亮去世后，西线无战事，但割据辽东的公孙渊蠢蠢欲动。辽东在今辽宁中南部和朝鲜西北部一带，自汉末乱世以来，辽东太守公孙度在这里割据一方，其子公孙康杀袁尚、袁熙，归附曹操，因为辽东偏远，曹操授公孙康襄平侯、左将军，默许他继续保持相对独立的状态。到了公孙渊已经是第三代。公孙渊心怀不轨，与东吴暗通往来，图谋反叛魏国，引起了魏国的警觉。公元237年，公孙渊自立为燕王，改元绍汉，并设置百官。魏明帝征召司马懿征讨辽东，询问他会怎样应对公孙渊，司马懿说："公孙渊如果弃城而走，是上策；如果凭借辽水抗拒我军，是中策；如果坐守营中，那就是下策，一定会被我俘虏。"司马懿还承诺，他此行去百日，回百日，攻战百日，休息六十日，总共一年时间就可以击败公孙渊。

司马懿率兵四万远征辽东，公孙渊派将军卑衍、杨祚在辽隧（今辽宁海城）阻挡魏军，司马懿采取声东击西的战术，佯攻辽东军，却暗中率领主力渡过辽水，直扑公孙渊主营襄平（今辽宁辽阳）。卑衍赶来救援，魏军三战三捷，彻底将他击溃。司马懿于是将襄平团团围住。当时正赶上连绵大雨，军心浮动，许多人都有撤兵的打算，但司马懿不为所动，持续指挥攻城。不久城中粮尽，公孙渊突围而走，被魏军追上斩杀。司马懿攻克襄平后，进行了残忍的屠城，将城中十五岁以上的男子七千余人全部斩首，辽东至此平定。

就在司马懿得胜返京时，魏明帝曹叡却一病不起，朝中宗室成员曹宇、曹爽等争夺辅政之位。曹叡令人传急诏，召司马懿回京。在病榻边，曹叡拉着司马懿的手，指着太子曹芳，传令他与大将军曹爽共同担任辅政之职。曹叡去世时，年仅三十六岁。

曹芳登基后，司马懿任侍中、持节、都督中外诸军、录尚书事，和曹爽各统精兵三千人，共执朝政。此时司马懿已经六十一岁，成为服侍曹魏四代君王的元老重臣。如果这时候司马懿去世的话，他留在历史上的形象一定和诸葛亮一样，是一个为国家披肝沥胆、鞠躬尽瘁的大臣。然而，后来的高平陵政变完全改变了司马懿的历史形象，也改变了历史的进程。

诈病赚曹爽

曹爽是曹真的儿子，属于司马懿的晚辈，他没有什么政治才能和手腕，只是依靠父亲的功勋和宗亲的关系而上位。但曹爽又有很强的权力欲望，为了排挤司马懿，自己独霸朝纲，他奏请天子，将司马懿明升暗降，尊为太傅，百官奏事先通过自己方可。

面对曹爽的挑衅，司马懿选择了隐忍。曹爽则更加得寸进尺，废弃禁军中的中垒、中坚两营，任用他的兄弟执掌禁军，控制军权。他还任用何晏、邓飏（yáng）、李胜、丁谧（mì）、毕轨等亲信，把他们安插在中央和地方的重要部门，将许多曹魏旧臣排斥在外，引起了朝野上下的强烈不满。

曹爽此前没有军功，为了给自己树立威望，于公元244年发兵攻打蜀汉。司马懿劝阻，但曹爽根本不听。然而此战因为道路险阻，魏军行军极其困难，累死大批运输军需的牛马驴骡，民众苦不堪言。而蜀汉则占据险要，做好了防守。曹爽大败，折损了众多人马，引得人们怨声载道。

曹爽与司马懿的矛盾越来越尖锐。司马懿表面上退让，索性以年老多病为由赋闲归家。实际上，司马懿却在暗中培育力量，训练死士，准备与曹爽争夺大权。

曹爽一直对司马懿有所警惕，一次，曹爽亲信李胜将前往荆州就职，曹爽派他拜访司马懿，名为拜访，实为刺探。司马懿便在李胜面前装出一副病体昏沉、老迈不堪的样子。婢女喂他喝粥，粥流满他的胸口。李胜说自己将回本州赴任，司马懿假装耳背，居然听成了并州。李胜回报曹爽，说司马懿形神已经离散，只是一具还有余气的尸体，已经离死不远了，根本不足为虑。曹爽自此完全放下了戒备。

高平陵政变

公元 249 年正月的一天，魏帝曹芳依礼要出城拜谒明帝陵墓高平陵，曹爽与诸兄弟一并从驾随行。大司农桓范

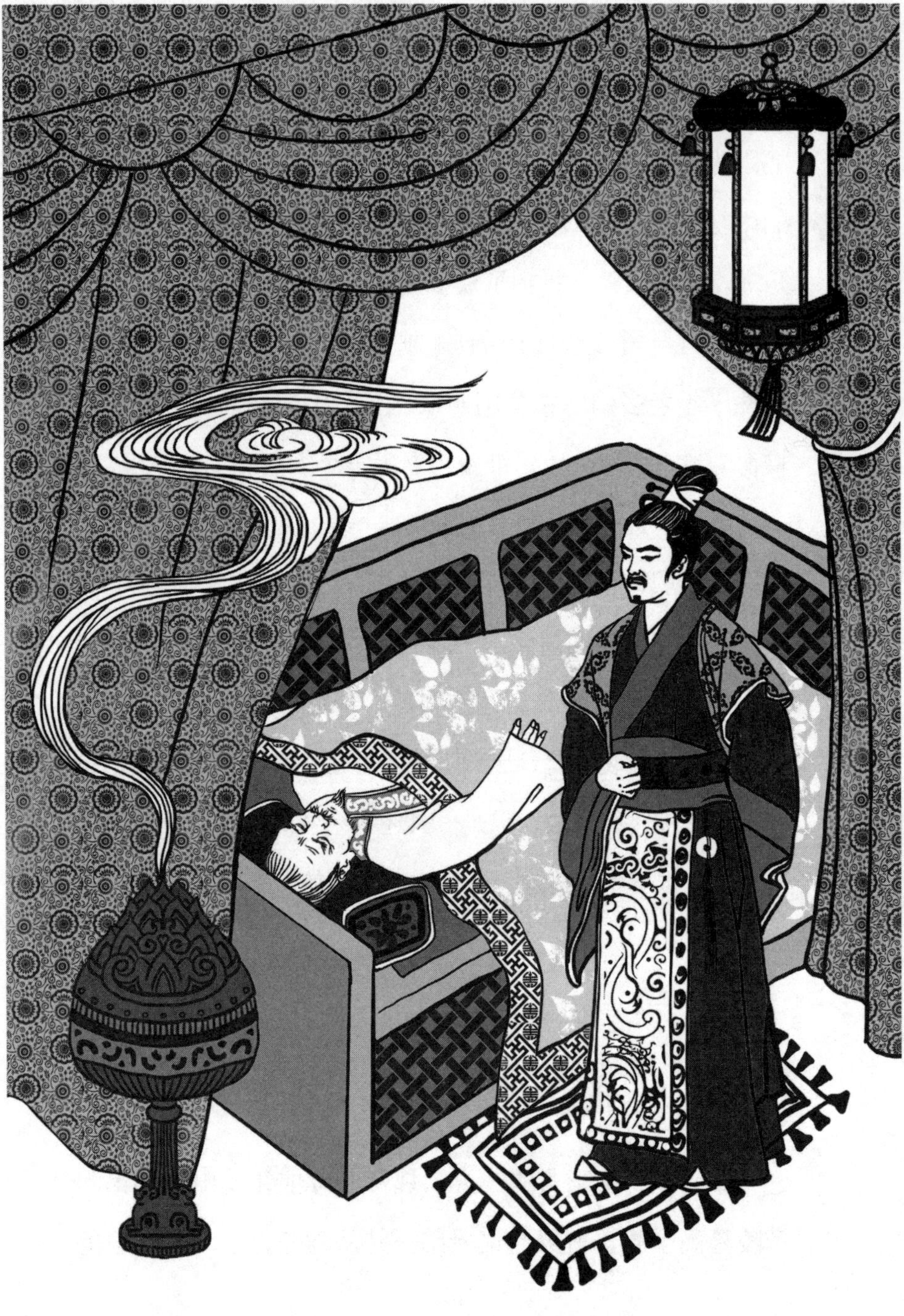

警告曹爽："你们兄弟共同掌管禁军，不应该同时出城，如果有人关闭城门，你们可就有家难回了。"曹爽骄傲自大，自认为有皇帝在手，没有人敢作乱，对桓范的忠告充耳不闻。

然而另一边，司马懿一直在等待时机。等到曹爽一行离城后，司马懿迅速行动，在洛阳城内发动政变。他亲自领兵夺取洛阳武库，让曹爽留在城中的禁军无法取得武器，战力大为削弱。与此同时，司马懿的弟弟司马孚和长子司马师带兵控制宫城的正门司马门，截断宫内外的出路，次子司马昭则将郭太后控制起来，迫使太后下诏罢免曹爽兄弟职位。同时，司马懿的盟友司徒高柔、太仆王观分别代理大将军与中领军职务，占据曹爽兄弟营地。司马懿本人则与太尉蒋济屯兵洛水浮桥，阻挡曹爽回城，并且上书天子，奏请处置曹爽一党。

城中发生变动，曹爽大为恐慌。桓范逃出城去，为曹爽出谋划策，认为他虽然丢失了洛阳，但是手中还有天子，完全可以移驾许昌，以天子之名征调各方军队讨伐司马懿，或许还有胜算。但是曹爽性格懦弱，犹豫不决，而此时司马懿又派人向曹爽劝降，许诺只要他交出兵权，就可以让他回归府邸，保留爵位。曹爽经过一夜的思考，决定向司马懿投降，说："我交出了军权，还不失为做一个富家翁。"桓范气得痛哭道："曹真是个大英雄，没想到他的儿子简直是蠢猪，我们今天都要因为你而灭族了！"

果然，司马懿根本不信守承诺，曹爽一回到洛阳，司马懿就派兵将他的府邸团团围住，将曹爽软禁起来，并且罗织曹爽一党的罪证，最终以谋逆大罪将曹爽兄弟及其党羽何晏、邓飏、丁谧等尽皆诛杀，并夷三族。

这场惊心动魄的政变，史称高平陵政变。至此，曹魏宗室势力基本被消灭，大权落到了司马氏的手中，此时的司马懿已经七十一岁高龄了。

✿ 思 考 ✿

（一）司马懿是如何一步步夺取魏国权力的？

（二）曹爽为什么会在与司马懿的斗争中落败？

第二节

反司马的斗争

淮南三叛

　　曹爽垮台后，司马氏父子仍需要面对曹魏政权内部的反对者。当时曹魏的三大都督区中，由于司马懿曾先后担任荆州、雍凉都督区的都督，这两地较为稳定，然而司马氏势力渗入较少的淮南就成了反对司马氏专权的风暴中心。高平陵政变之后，接连发生了三起镇守淮南的将领起兵反抗司马氏的事变，史称"淮南三叛"。

　　第一次反叛的是太尉王凌。王凌是汉末司徒王允之侄，年龄和资历都比司马懿要高。高平陵政变后，他不满司马懿的专权，与担任兖州刺史的外甥令狐愚合谋，准备

另立楚王曹彪为皇帝。但计划还未执行，令狐愚病逝了，不久，计划为司马懿得知。司马懿趁王凌尚未准备就绪，亲自统率大军讨伐。王凌自知不是敌手，不战而降。在随军返回洛阳的路上，王凌畏罪自杀，司马懿将参与叛乱者均诛杀三族。

王凌死后不久，司马懿也病逝，时年七十三岁。司马懿是三国后期重要的政治人物，也是后来一统三国的晋朝的奠基者。由于他开启了司马氏窃国篡位的大门，后代对他的评价大多比较贬损。实际上，司马懿在政治和军事上的才能都是首屈一指的。在曹魏名将先后逝世的情况下，司马懿匡扶国家，抵御外敌，平定叛乱，受两代君主托孤之重，也可以算是尽心竭力了。司马懿虽然在高平陵政变中对待曹爽一党手段残忍，但终其一生，始终扮演着魏国忠臣的角色，对曹魏皇帝也一直较为尊敬。这是因为，他是曹操、曹丕父子一手提拔起来的臣子，深受曹魏恩德，在当时儒家纲常礼教的浸润之下，他无法摆脱这种身份带来的束缚。

但是司马懿知道，夺权篡位的事情不能靠一代人来完成，他把司马家的希望寄托在儿子身上，对他们悉心培养。

司马懿有九子，其中长子司马师、次子司马昭最为优秀。司马师年少时就跻身名士之间，既有风度又有才略。司马昭则先后担任典农中郎将和征蜀作战的将军，积累了丰富的军政经验。司马懿还为他们与名门大族联姻，丰满他们的羽翼。高平陵政变中，司马师与司马昭成为司马懿的得力助手，司马懿死后，司马师升任大将军，执掌曹魏大权。

公元254年，中书令李丰、太常夏侯玄、光禄大夫张缉密谋除掉司马师，不料计谋外泄，反为司马师所杀。司马师认为幕后主使是魏帝曹芳，于是废曹芳为齐王，改立曹丕之孙高贵乡公曹髦为帝。不久，镇东将军毌丘俭、扬州刺史文钦假借太后诏书，在淮南再次起兵，讨伐司马师。毌丘俭曾远征高句丽，文钦与曹爽是同乡且关系密切，两人在曹魏军界都有一定威望。但司马师反应迅速，调集各方军队将毌丘俭、文钦困于项县，进退不得。这场叛乱仅持续一个月就被扑灭，毌丘俭被杀，文钦投奔东吴。但是在平叛过程中，司马师眼病发作，死于军旅之中。

司马师死后，司马昭晋位大将军，迅速接掌了权力。此时的淮南由征东大将军诸葛诞镇守。诸葛诞和诸葛亮、诸葛瑾同族，与司马懿是儿女亲家，还参与镇压了前两次淮南反叛，一直被司马氏视为亲信。但随着司马氏权力越来越大，诸葛诞内心不安。公元 257 年，诸葛诞杀掉扬州刺史乐綝，拥兵十余万反叛。他据守寿春，并且将儿子送往东吴为质，换取东吴的援军。一时间形势极为严峻。

面对叛乱，司马昭挟持魏帝曹髦与太后一起亲征，征发青、徐、荆、豫四州二十六万大军，将诸葛诞围困在寿春城中。这场血战持续了一年，寿春城内文钦与诸葛诞不和，互相猜疑，诸葛诞杀了文钦，文钦之子文鸯出城投奔司马昭，而协助诸葛诞守城的吴将全怿、全端等也被司马昭策反。诸葛诞势单力孤，最终在城破后被诛杀，夷灭三族。"淮南三叛"不仅没有推翻司马氏，反而让司马氏的威望和权势借助平叛而大幅增加。

"司马昭之心，路人皆知"

司马昭平定诸葛诞叛乱后，在朝中更加专权跋扈，朝中大臣也大多站到了司马氏这一边。魏帝曹髦就像当初的汉献帝刘协一样，完全成了一个傀儡皇帝。然而曹髦却不像刘协那样窝囊，他虽然还不到二十岁，但好学上进，喜欢跟太学的博士们探讨学术问题，议论政事有自己的见解，还擅长诗文与绘画。司马昭的亲信钟会认为，曹髦的才华可以与曹植比肩，而武勇更是有其曾祖父曹操的影子。

司马昭的专权让曹髦忍无可忍。公元 260 年，他召来侍中王沈、散骑常侍王业、尚书王经，与他们商量如何除掉司马昭。曹髦恨恨地说："司马昭之心，路人皆知，我不能坐在这里面对被废黜的屈辱，今日要和诸位一起讨贼。"王经是一名忠臣，他劝曹髦暂时忍耐，因为司马昭掌握着兵权，这样公然对抗他太危险了。但曹髦主意已定，当晚，他拔剑登车，带着二百多个宫中的卫士、仆役、随从呼喊着冲出了皇宫，对司马昭发出了讨伐之声。而王沈和王业一出宫就跑去向司马昭告密了。

曹髦一行抵达南边的宫阙时，被司马懿的亲信中护军贾充带兵拦截。众人看见居然是皇帝亲自讨伐，都傻了眼。不敢向前，贾充对身边的将军成济说："司马公养你们，就是为了今日之事！"成济会意，纵马上前，将曹髦当众刺死。这是中国历史上第一例当众弑杀皇帝的事件，虽然司马昭在事后极力撇清自己，将成济作为替罪羊处死，但也无法摆脱弑君的恶名，"司马昭之心，路人皆知"也成为后来形容野心家的专属成语。

曹髦死后，司马昭另立曹操之孙、年仅十四岁的常道乡公曹璜为帝，更名曹奂。曹髦为反抗司马昭付出了生命的代价，然而弑君之事后，国内居然没有兴起任何反对司

马昭的浪潮，司马昭的统治地位也完全没有动摇，可见当
时的曹魏从朝廷到地方，已经完全被司马氏控制在手中，
改朝换代只是时间问题了。

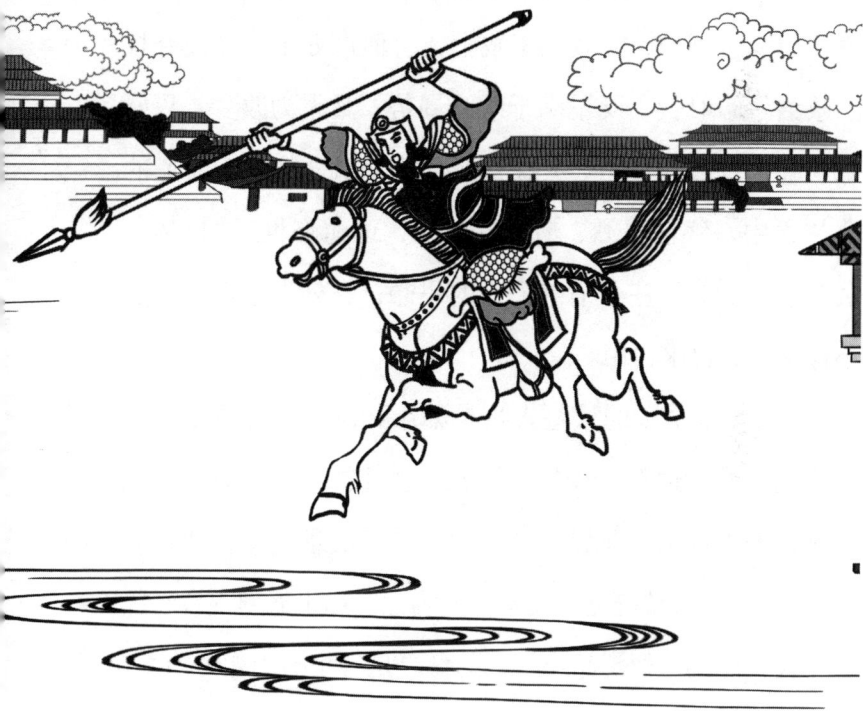

"竹林七贤"

司马氏篡夺曹魏政权，既有"淮南三叛"这样的军事反抗者，也有以"竹林七贤"为代表的，通过隐居、避世的方式消极抵抗的不合作者。

"竹林七贤"指的是曹魏晚期嵇（jī）康、阮籍、山涛、向秀、刘伶、阮咸、王戎七人，他们处于司马氏夺权的政治黑暗时代，既不满于政治局势，又无力改变，只好隐居在河内郡山阳县（大致在今河南修武、辉县一带）的竹林之中，终日饮酒、清谈、纵歌，逃避俗世。"竹林七贤"喜好老子、庄子清静无为的思想，在处世态度上往往不遵礼法、追求自由。

"竹林七贤"的核心人物是嵇康和阮籍，嵇康是曹魏宗室的女婿，他对官场极度厌恶，对礼法不屑一顾，天性烂漫，率性而为。阮籍是"建安七子"阮瑀之子，他曾公开表示："礼法难道是为我辈设的吗？"如果遇到了自己厌恶的人，他就对他翻起白眼。刘伶更是一个嗜酒如命的人，他常常坐着鹿车，带一壶酒，使仆人扛着锹跟着，说："死了就把我就地埋了。"相比建安文学而言，竹林七贤的诗文常常透露出悲凉与苦涩。由于"竹林七贤"主要活跃在正始年间（正始是魏帝曹芳的年号），所以文学史上称之为"正始文学"。

但好景不长，"竹林七贤"后来也走向分化。山涛、王戎投靠了司马氏政权，最终做到了三公一级的高官。阮籍虽然被迫出来做官，但他常常喝醉酒、说疯话，以此来保全自己。唯有嵇康始终拒绝与司马氏为伍，山涛当官后曾向司马昭举荐嵇康，嵇康听闻后给山涛写下了一篇洋洋洒洒的《与山巨源绝交书》（山涛字巨源），信中说自己生性懒惰，厌倦政治，追求自然，让他出来做官就跟要他的命差不多，而他对司马氏执政下官场的浑浊虚伪也进行了无情的嘲讽。这封信让司马昭勃然大怒，也给嵇康带来了杀身之祸。

公元 263 年，嵇康为司马昭亲信钟会所陷害，被处以死刑。行刑当天，三千名太学生集体请愿，请求朝廷赦免他，并让他到太学任教。嵇康则神色不变，在刑场上抚琴，弹奏一曲《广陵散》。曲终后，他感叹道："从前袁孝尼要来学此曲，我因为吝啬而没有教给他，现在看来《广陵散》是要失传了！"嵇康死时，年仅四十岁。

嵇康被杀后，好友向秀被迫接受征召出来做官，途经洛阳嵇康的旧居，向秀怀念故友，写下了《思旧赋》，诗中有句："昔李斯之受罪兮，叹黄犬而长吟。悼嵇生之永辞兮，顾日影而弹琴。"

"竹林七贤"在东晋、南朝时得到了上流社会的极高推崇，他们超凡脱俗的隐者形象成了很多绘画作品的题材。1960 年在江苏南京西善桥宫山墓中发掘了一组南朝时期的砖印壁画，绘有"竹林七贤"及春秋隐士荣启期，他们神色怡然，服饰飘逸，展现出隐士的潇洒气象。这组砖画现作为国宝陈列于南京博物院，也是我国现存最早的"竹林七贤"人物组图。

❀ 思 考 ❀

（一）淮南为什么多次成为反抗司马氏统治的策源地？

（二）"司马昭之心，路人皆知"为什么会成为野心家的代名词？

（三）你如何评价"竹林七贤"的处世态度？

第
三
节

北伐的继承者

后诸葛亮时代

魏国大权旁落司马懿父子，内部持续发生动荡，这让原本已经居于守势的吴、蜀两国又看到了可乘之机。于是，在诸葛亮去世多年后，吴、蜀两国都出现了北伐的继承者，蜀汉是姜维，东吴则是诸葛恪。

姜维，字伯约，天水冀县（今甘肃甘谷）人。姜维原本是魏人，在本郡做一个低微的武官。诸葛亮初次北伐，降服天水，姜维归附。诸葛亮并没有因为姜维的敌国身份而轻视他，反而对他栽培有加，称赞他有胆有识，有才有义，忠诚勤勉，是凉州出类拔萃的人才。后来诸葛亮几次北伐，都将姜维带在身边，将自己所学倾心传授。

诸葛亮死后，蜀汉的政事由诸葛亮临终前选定的蒋琬、费祎主持。蒋琬、费祎都是荆州人士，很早就在诸葛亮的丞相府里担任参军。诸葛亮北伐时将他们留在成都辅佐刘禅，诸葛亮曾在《出师表》中称赞他们是"贞良死节之臣"，希望刘禅亲之信之。姜维被任命为右监军、辅汉将军，封平襄侯，逐渐在军界树立起威望。

蒋琬、费祎的才能远不如诸葛亮，他们执政后，改变了诸葛亮不断进攻的政策，停止了大规模的北伐，对内保境安民，休养生息，对外结好东吴，安抚羌胡。而姜维是坚定的主战派，曾经多次带兵深入陇西，寻找战机，但是因为统兵不多，收效都不大。

蒋琬死后，费祎以大将军身份继续主掌政事，姜维也升任卫将军，与费祎共同主持朝政。但这一时期，姜维与费祎产生了比较大的矛盾。姜维认为自己熟悉陇西的风俗，又有统兵之才，提议带兵西入羌中，拉拢羌人作为羽翼，然后逐步吞并陇西，削弱曹魏。但是费祎非常保守，说："我们这些人和丞相相比差远了，丞相都不能北定中原，何况我们呢！还不如保境安民，守卫国土，不要期待侥幸能取得胜利，如果一旦失败，后悔莫及。"姜维每次要兴兵北伐，费祎就严格控制他的兵马，让他统领的士兵不过万人。

局势的转机出现在公元253年的正月，当时费祎驻军汉寿（即葭萌，今四川广元），举办一年一度的岁首大会，大宴臣僚。但不料，一名从魏国投降的将军郭循突然从座中起身，手持利刃将费祎刺死。这是蜀汉后期的一桩疑案，刺杀费祎的幕后主使到底是谁，一直众说纷纭。但是在这件案子中，姜维有很大的嫌疑，因为当初郭循是被姜维俘虏后投降蜀汉的；而费祎之死，获利最大的也是姜维，他终于可以不受节制地实施自己北伐的大业。这时距离诸葛亮去世已经过去十九年了。

姜维北伐

从公元253年至262年的十年间，姜维主持发动了六次北伐，在路线上，他基本选择的都是他所熟悉的陇西一路。曹魏方面虽然内部政局动荡不稳，但防御蜀汉的雍凉都督区是曹真、司马懿经营多年的战略前线，城池坚固，士卒精锐，历任统军将领郭淮、陈泰、邓艾等都是文武兼备，深通兵法，因此姜维多次用兵，却是败多胜少，即便暂时取胜，也因为粮草补给问题，不能持久。

在这些魏将之中，邓艾是姜维遭遇的最强大的对手。

邓艾，字士载，义阳棘阳（今河南新野）人。他出身贫寒，幼年靠放牛为生，而且先天患有口吃，经常遭人冷眼。但邓艾从小就对军事产生了特殊的兴趣，每到一处，就要勘查当地的名山大川，构思着如何在这里屯营扎寨，行军作战。后来，邓艾的才华得到了司马懿的赏识，司马懿提拔

他在淮南开凿水利，实行屯田。邓艾实施的屯田既让淮南储备了充足的粮食，又解除了水患的威胁，有力地保证了魏国对吴作战的持续优势。

随后，邓艾又被调往雍凉，防御姜维对陇西的进攻。邓艾用兵有道，尤其善于利用优势地形来克敌制胜，让姜维吃了不少苦头。公元256年，刚升任大将军的姜维出兵祁山，与镇西将军胡济约定在上邽（今甘肃天水）会师，但胡济失期未能按时抵达，姜维大军被邓艾困于段谷，蜀军大败，伤亡惨重，姜维回国后被迫上书自贬为后将军。邓艾则因功升镇西将军，都督陇右诸军事。

蜀汉原本就是弱国，姜维连年北伐让蜀汉的社会生产、人民生活都遭到了巨大的破坏。而与此同时，后主刘禅深居宫中，缺少了贤臣的辅佐，开始暴露出自己昏庸无能的一面。他宠信宦官黄皓，耽于享乐。姜维得知后，劝后主杀掉黄皓，以免他祸害国家。这件事让黄皓十分记恨姜维，处心积虑地想要陷害他。姜维无奈，只好率军前往沓中（今甘肃舟曲）屯田避祸。

当时吴帝孙休派薛珝（xǔ）出使蜀汉，薛珝回国后，孙休问他蜀汉政事的得失，薛珝回答说："君主昏庸而不知道自己的过错，臣子避难以求免罪，在朝廷上听不到正直的声音，经过田野里看到百姓都面有菜色。"薛珝清楚地看到，蜀汉表面上一团安乐，实际上却隐藏着许多严重的问题，距离亡国不远了。

东吴二宫构争

就在姜维重启大规模北伐的公元254年，执掌东吴朝政的太傅诸葛恪也亲率大军北上进攻合肥，一改东吴多年划江自保的策略，展现出积极的进攻姿态。

诸葛恪，字元逊，是诸葛瑾的长子、诸葛亮的侄子。诸葛恪从小就是一名神童，应变能力很强，有一次宴会上，孙权让人牵来一头驴，驴脸上写着"诸葛子瑜"几个字，子瑜是诸葛瑾的字，这是戏弄诸葛瑾的脸长得太长。诸葛瑾一时很难堪。当时诸葛恪也在座，他向孙权要来笔，在下面续写了"之驴"二字，于是从容地在孙权面前牵走了这头驴。

诸葛瑾虽然备受孙权信赖，官职一直做到大将军，但是才能平庸，没有太多的功绩可表。而诸葛恪年纪轻轻血气方刚，富有锐气，三十岁出头就担任丹阳太守，收降丹阳山越十余万人，大大充实了东吴的兵源，军政才能可谓出类拔萃。孙权很喜爱诸葛恪，对他重点培养。

孙权执政的后期，缺乏了年轻时的果敢和决断，变得猜忌心很重，对朝中大臣甚至自己的亲儿子都不信任。尤其是孙权一直以来寄予厚望的太子孙登，年仅三十三岁便病逝，死在了他的前面，对他刺激很大。此后，孙权立孙和为太子，居南宫，但同时又宠爱另一子孙霸，立他为鲁王，也居于建业，和太子待遇基本相同。一时两宫并立，孙和与孙霸各自拉拢朝臣，培养党羽，互相诋毁。历史上称为"二宫构争"或"南鲁党争"。

"二宫构争"使得朝廷一片混乱，国家在内耗中走向衰落。丞相陆逊多次上书陈述嫡庶之分，要求进京面见孙权。孙权不仅不听，还偏信奸臣杨竺诬陷陆逊的二十条罪状，派使者前往武昌对陆逊进行训诫。陆逊最终在忧愤中死去。两宫相争让许多大臣卷进了政治旋涡中，或者被杀，或者被罢官流放，但最终孙权对两个儿子都产生了厌恶，将孙和废去太子位，将孙霸诛杀，群臣因劝谏而被杀的又有十多家。

　　孙权是三国鼎立格局形成的关键人物，如果不是他力排众议，做出坚决抵抗曹操的决定，东吴和蜀汉两个政权可能都不会存在。孙权十九岁继承父兄基业，统治江东长达五十多年，他礼贤下士，善于用人，让东吴呈现出人才济济、生机勃勃的景象。在对外政策上，他周旋于魏、蜀之间，甚至不惜暂时向曹丕屈膝称臣，成就了东吴的霸业。但是孙权晚年宠信佞臣、多疑猜忌、残害忠良，造成了他本人的悲剧，也让东吴走向衰败。

诸葛恪北伐

　　公元 251 年，孙权病逝，终年七十一岁。临终前，他召大臣诸葛恪、滕胤、孙弘、吕据、孙峻等嘱咐后事，让他们辅佐年仅十岁的幼子孙亮。孙亮刚即位，诸葛恪就诛杀了与自己不和的孙弘，执掌了东吴的大权。

　　诸葛恪主政后，对内整顿内政，减免赋税，对外在东兴（今安徽含山）击败了趁机来犯的魏军，这时他在东吴

the的历史 这样好读

的威望到达了顶点。诸葛恪和他的叔父诸葛亮一样，是坚定的"主战派"，他雄心勃勃，一心想继承诸葛亮的北伐大业，夺取孙权生前多次征伐而不可得的淮南地区。孙亮即位后的第一个年号，与当年蜀汉后主刘禅即位后的第一个年号一样，都是"建兴"，可见诸葛恪对诸葛亮的模仿。

就在诸葛恪执政的第二年，即公元253年，他就征召二十万大军，准备挥师北伐。当年蜀汉刚好发生了费祎遇刺事件，诸葛恪便派使者约请姜维协同进军。诸葛恪北伐在国内引起了不小的反对，诸葛恪为了说服反对者，写了一篇文章公之于众，详细论述了为什么要进行北伐。诸葛恪认为，吴国弱小而魏国强大，如果仅仅依靠长江之险，苟且偷安，那么十数年后，两国的差距将越来越大，吴国就更难以取胜了。而魏国刚经历了高平陵之变、王凌伏诛、司马懿去世等一连串事件，内部不稳，正是北伐的大好时机。他最后还说："最近看到家叔父的奏表中谈到的与魏国的争竞之计，令我不得不喟然叹息。"因而有学者认为，这里说的奏表就是《后出师表》，而《后出师表》的内容和诸葛恪的这篇论述北伐的文章有许多相似之处，很可能是诸葛恪伪造的。

诸葛恪不顾朝野上下的反对，执意率军北伐，但北伐第一站就遇到了挫折。诸葛恪亲率大军围攻合肥新城，牙将张特死守城池，而且用缓兵之计骗诸葛恪，说魏国法令规定，被围百日援兵不至而投降，家眷不受连坐之罪。诸葛恪下令缓攻，等待张特投降，而张特却利用这一战略时机修补城墙，增强防御。诸葛恪围城数月而不能克，士兵患疾过半，死伤惨重，加上魏国援兵将至，他只得撤兵南归。

这场战事让东吴元气大伤，诸葛恪的威望也一下跌入了谷底。野心勃勃的宗室孙峻趁机夺权，他设下酒宴邀请诸葛恪，在帐中暗藏兵士，于席中将诸葛恪刺死，随后诬陷诸葛恪图谋造反，夷其三族。所幸诸葛恪有一个弟弟诸葛乔被过继给诸葛亮，生有一子留在蜀汉，才没有让诸葛瑾这一脉断了香火。

孙峻杀掉诸葛恪后，进位丞相、大将军，独霸朝纲。吴国随即陷入不断的内乱与自相残杀之中，一天天衰败下去，再也无力发动北伐了。

❀ 思 考 ❀

（一）如何评价孙权在三国时期的功与过？

（二）为什么姜维和诸葛恪的北伐都以失败告终？

第四节

蜀汉的灭亡

司马昭伐蜀

司马昭弑君后，急需通过一场对外战争的胜利来转移国内矛盾、洗刷自己的污点。而这时蜀汉因为频繁对外用兵，国力已经大为衰落，于是司马昭开始筹划伐蜀之战。

蜀汉虽弱，但拥有天然的崇山峻岭作为屏障，可谓易守难攻。此前曹真、曹爽两次发动伐蜀的战事，但劳师动众，最终都无功而返。因此司马昭的提议在当时遭到了很多人的反对，连长期镇守雍凉与蜀作战的邓艾也多次上书，认为伐蜀时机未到。但司隶校尉钟会极力支持伐蜀的主张，司马昭于是任命钟会为镇西将军，都督关中，作为伐蜀总指挥。

钟会，字士季，出身大族颍川钟氏，是太傅钟繇的幼子。他和诸葛恪一样，也是自小就显露出了聪明才智。钟会走上仕途时正是曹魏衰微、司马氏逐步蚕食政权的时代，足智多谋，且有名门身份的他自然格外受到司马兄弟的青睐。钟会先是随司马师平定毌丘俭叛乱，掌管机要密事，又担任司马昭的谋士，为消灭诸葛诞立下大功，很受司马昭信任。

公元 263 年，司马昭发动三路大军征讨蜀汉：征西将军邓艾统军三万至甘松、沓中攻击姜维，雍州刺史诸葛绪统军三万至武街、桥头截断姜维归路，而钟会统率的十余万主力大军沿着斜谷、骆谷向汉中进军。

蜀汉方面由于连年北伐导致兵力不足，姜维在此前调整了汉中的防御模式，采取"敛兵聚谷"的方式，撤去汉中外围的军事要塞，将主力军队集结于汉中盆地的汉城（今陕西勉县）、乐城（今陕西城固）。姜维的策略是，如果敌军来攻，就任凭他进入汉中盆地，然后坚守两城，再伺机截断敌军补给线，让敌军坐困于此，蜀军则可以以逸待劳。

这一规划虽然不失为良策，但是在具体执行上就大打折扣了。当时姜维远在沓中屯田，汉中实际处于无人指挥的状态。钟会早已摸清了蜀汉防御的弱点，快速出兵包围了汉、乐二城，使其不能互相救援。他只留少数兵力围而不攻，亲率主力部队直扑阳安关。阳安关守将傅佥战死、蒋舒投降，钟会完全打乱了蜀军的部署，蜀汉的北边已经门户洞开。

姜维闻听汉中有失，火速带兵回援。他巧妙地突破了邓艾的包围圈，躲过了诸葛绪的截击，途中与廖化、张翼、董厥等援军会合，退守剑阁以待魏军。

邓艾偷渡阴平

剑阁，又称剑门关，在今四川省剑阁县，是汉中通往蜀地的咽喉要道，诸葛亮在这里打造了坚固的关隘。剑门关夹山而立，两侧是如剑般耸立的山峰，中间只有一条狭长的谷道。唐代诗人李白《蜀道难》中云："剑阁峥嵘而崔嵬，一夫当关，万夫莫开。"生动地描绘了剑阁易守难攻的地势。钟会被姜维阻挡在剑阁，连日攻打不下，粮食供应又困难，甚至有了退兵的念头。

就在这时，邓艾有了一个大胆的设想，他通过勘测蜀地的山川地形，发现从阴平沿着山中小道南下，可以绕过剑阁，直取涪城（今四川绵阳），进而迫近成都。但是这条山路崎岖难行，一般人很难翻越，具有很大的风险。但邓艾不愧为军事天才，决定身先士卒，亲自蹚出一条路来。他率军三万深入山岭之中，一路凿山开道，冒险而行。邓艾当时已经六十多岁，遇到悬崖峭壁无路可循，他就用毛毡裹着自己，率先从悬崖上滚下来。邓艾一行克服重重困难，奇迹般地抵达了江油城下。当时蜀地安逸已久，守备松散，守将马邈以为魏军是从天而降，不战而降。

后主刘禅听到魏军突然出现在大后方的成都平原，大为恐慌，连忙派诸葛亮之子、卫将军诸葛瞻带兵迎战。诸葛瞻没有军事经验，完全不是邓艾的对手，在绵竹被邓艾击败，自己和儿子诸葛尚均战死沙场。邓艾继续向南挺进，成都已经无险可守。

后主刘禅急忙召集朝臣商议对策，有人主张退往南中，有人主张投奔东吴，光禄大夫谯周反驳道，南中经常叛乱，

撤到那里可能都性命不保；而自古以来没有寄身他国的天子，投奔吴国则要向其称臣，未来魏国灭吴，还要二次受辱，不如直接向魏国称臣，至少还能保全一份优厚的待遇。群臣大多附和。刘禅听取谯周的建议，放弃抵抗，开城向邓艾投降，蜀汉至此灭亡，共传二帝，持续四十三年。

钟会之乱

后主刘禅在成都出降时，姜维正在率兵回援的路上。他接到刘禅敕令他投降的诏书，悲痛不已，蜀军将士气得纷纷拔出佩刀砍石头，以表达亡国的悲愤之情。

然而蜀地的战乱并没有因此而停息，因为邓艾率先拿下成都，夺得了大功，邓艾与钟会的矛盾开始升级。而姜维心怀复国的念头，打算利用两人的矛盾让魏人自相残杀，于是带领所部兵马向钟会投降，并且怂恿钟会陷害邓艾。

邓艾进入成都后，呈现出骄傲的态度，他上书给司马昭，为刘禅请封扶风王，又建议司马昭趁机东下灭吴。他的信件在途中被钟会截获，钟会善于模仿别人的笔迹，便改写了邓艾的上书，将言辞改得更加傲慢无礼。司马昭大怒，认为邓艾有反心，让钟会夺去邓艾的兵权。

钟会进入成都，将邓艾父子押入囚车送往洛阳，接管了在蜀地的全部魏军。这时，钟会的野心开始暴露了出来。原来，钟会早就不满司马昭的篡权，蓄谋在蜀地反叛独立，然后挥师北上，攻打长安和洛阳。姜维为了复国，也表示愿意带领蜀汉旧部协助钟会，被钟会引为心腹。

实际上，司马昭早就察觉到了钟会的反意，他挟持魏帝曹奂西镇长安，并派亲信贾充率兵从斜谷进入汉中。钟会听到消息后，加速了叛变的行动，他对亲信说："这件事成功了，我们就能夺取天下；失败了，我们也可以退保蜀地，不失为做刘备一样的人。"

公元 264 年正月，钟会伪造太后遗诏，在成都筹备起兵反司马氏。但是钟会手下的将领都是从北方而来，家人都在司马昭手中，不愿意跟随钟会造反。钟会就将他们关在宫中，重兵守卫。姜维提出将这些将领全部杀掉，以绝后患，钟会犹豫不决。就在此时，被囚禁的将军胡烈派人将钟会反叛的消息传递给了在外统兵的儿子胡渊，一夜之间，钟会的密谋泄露。被囚将领的部曲士兵从四面围攻而来，一时城中大乱，钟会与姜维均死于乱军之中。邓艾也被仇家杀害。士兵趁机劫掠成都，刘禅太子刘璿（xuán）、蜀将张翼、关羽之孙关彝等都为乱兵所杀。

经过这血腥的一夜，三国后期的三大英雄姜维、邓艾、钟会全都死去，司马昭成了最大赢家，他进位晋王，距离称帝只有一步之遥。

乐不思蜀

蜀亡后，刘禅移居洛阳，被封为安乐公。

有一次，司马昭与刘禅共赴宴会，司马昭故意让蜀国的歌女现场表演蜀地歌舞，许多蜀国旧臣感受到亡国的悲痛，不禁流下眼泪，而刘禅却喜笑如常。司马昭对贾充说："人之无情，竟然能到这种地步，就算是诸葛亮还在，都不能辅佐他，何况是姜维呢？"

又一日，司马昭问刘禅："你还思念蜀国吗？"刘禅回答："这里很快乐，不思念蜀国了。"蜀汉旧臣郤（xì）正听说了此事，私下对刘禅说："以后晋王再问您，您就哭着对他说：'先人的坟墓，远在蜀地，我心里悲痛，无日不思念蜀地。'晋王就会放我们回去了。"后来司马昭果然又问，刘禅就按照郤正所教的回答。司马昭说："这话怎么像是郤正教的？"刘禅惊讶地说："的确是他教的。"周围人都为刘禅的愚蠢而哄笑。

由于这个"乐不思蜀"的故事，刘禅成了中国历史上最著名的昏君形象，有"扶不起的阿斗"之称。他不战而降，亲手葬送了刘备、诸葛亮开创的蜀汉基业，让许多人怒其不争。但是《三国志》的作者陈寿对刘禅另有一番评价，他认为刘禅任用贤臣就是一位明君，宠信奸佞就成为了一名昏君，就像当时的一句谚语所说："白色的丝绸并没有固定的颜色，它的颜色只取决于它所沾染的颜料。"（"素丝无常，唯所染之。"）

❀ 思 考 ❀

（一）蜀汉拥有天险屏障，为什么很快就灭亡了？

（二）你如何评价后主刘禅？

三国归晋

⚝ 司马炎代魏

蜀国灭亡后，司马昭封相国、晋王，加九锡，使用天子的旌旗、仪仗、乐舞，但是就在他即将篡位称帝的时候，突发中风去世，他的长子司马炎继承了司马家的事业。

司马炎虽然是嫡长子，但原本并不是司马昭的首选接班人。司马师早逝，且膝下无子，司马昭就将次子司马攸过继给他为嗣子。司马攸从小性情温顺，乐善好施，才华和声望都超过了司马炎。司马昭也曾信誓旦旦地说过："这天下是我大哥的，我只不过是代他摄政，我百年之后，还是要传给桃符（司马攸的小名）。"但是何曾等一批大臣极力鼓吹司马炎有超凡的才能，而且有帝王的面相。最终司马昭选择了立司马炎为太子。

司马炎嗣位后，加快了篡位的步伐，他仿效当年曹丕篡位的做法，唆使群臣劝进，逼迫魏帝下诏禅让，然后他再假惺惺地推辞，如此多次，司马炎终于接受"禅让"，于公元265年十二月正式称帝，国号晋，是为晋武帝，改元泰始，仍旧定都洛阳，并追封司马懿为宣帝，司马师为景帝，司马昭为文帝。魏帝曹奂被废为陈留王，与曹魏其他宗室成员一道迁往邺城居住。魏国共传五帝，持续四十六年，至此灭亡。

孙皓的残暴

蜀、魏接连为司马氏所灭亡，三国最后一个国家就是东吴了。

东吴在孙权去世后就陷入了争权夺利的内斗中，国力不断衰败。诸葛恪被刺后，孙峻独揽大权，孙峻死后，其堂弟孙綝（chēn）又专权跋扈。孙綝比孙峻更为心狠手辣，大肆排斥异己，杀害了吕据、滕胤、朱异等大臣，又在援助诸葛诞的战事中失败，大失人心。吴帝孙亮密谋除掉孙綝，却提前泄露了机密。孙綝索性废掉了孙亮，另立孙权第六子琅琊王孙休为帝。

孙休即位后，不堪忍受孙綝的摆布，在将军张布、丁奉的帮助下，设宴将孙綝擒拿并诛杀。但孙休当皇帝仅仅六年就去世了。当时蜀汉刚刚灭亡，吴国内部不稳，丞相张布、左将军濮阳兴认为孙休的儿子太小，不适合立为帝，于是决定迎乌程侯孙皓即位。

孙皓是"二宫构争"中被废的太子孙和之子。他刚即位当皇帝，还显示出有道明君的样子，下令抚恤百姓，开仓放粮，并释放皇宫内多余的宫女和珍禽异兽。但当地位稳定下来以后，孙皓残暴的一面就显露了出来。他好酒色，喜杀戮，每逢宴会，都要逼着群臣喝到烂醉，凡有不从的人，都要加以严惩，甚至当场杀掉。张布、濮阳兴后悔立他为帝，孙皓得知后，将二人处死，并且杀死了孙休的朱皇后和两个孩子，以绝后患。

孙皓还非常迷信，他听说荆州有王气，会对建业不利，于是不顾朝臣的反对，强行将国都迁往武昌。但国都建设消耗巨大，所有资源都要从建业逆江而上来运输，百姓痛苦不堪，编出了一个童谣："宁饮建业水，不食武昌鱼，宁还建业死，不止武昌居。"不到三个月，孙皓只好又将国都迁回建业。地方官员为了讨他的欢心，经常给他报告各种祥瑞之兆，孙皓便更加沉浸在虚妄与自大之中。他在位十七年，用了八个年号，其中多是"甘露""宝鼎""凤凰"这样的祥瑞名称。如今江苏宜兴存有一块东吴孙皓时期所立的"国山碑"，碑上的文字，就是当地出现了所谓"白蛇腾空"的祥瑞，孙皓令人对自己进行歌功颂德的记录。

羊陆之交

　　孙皓的倒行逆施，让东吴上下离心。在刚成立的晋朝朝堂上，大将羊祜（hù）提出吞并吴国，统一天下的建议。但当时晋朝新立，蜀地也还不太稳定，反对的声音很大，晋武帝司马炎只好暂时搁置了伐吴，但他委任羊祜都督荆州军事，镇守襄阳，又采纳羊祜的建议，任用熟悉水军的王濬（jùn）为益州刺史，加授龙骧将军，在蜀地建造战船，为伐吴积极做准备。

当时东吴任用陆逊之子陆抗镇守荆州，陆抗与其父一样，保境安民，用兵有方。羊祜意识到东吴虽然国力衰退，但依然有强大的军事力量，尤其是有陆抗这样智勇双全的名将，灭吴之战时机还不成熟，于是积蓄实力、发展生产，双方边境维持了很长时间的和平局面。

羊祜十分注重争取东吴百姓的人心，一次他的士兵越过国境，收割了东吴的庄稼，羊祜知道后，主动按照粮食的价格，折算成绢布送往东吴做抵偿。他领兵在边境打猎，如果猎物先被吴兵所伤，而被晋兵捕获，他都会派人将猎物送还吴营。羊祜与陆抗虽然各为其主，但在边境上保持着友好的往来，经常互送书信和礼物。一次陆抗生病，羊祜派人送来自己配制的药物，陆抗的手下担心羊祜不怀好意，在药里下毒，都劝他不要食用，陆抗却毫不怀疑地说："羊祜这样品行的人，怎会用毒药害人呢？"他服下药物，果然不久就痊愈了。羊祜与陆抗的友谊，后世称为"羊陆之交"。

公元274年，陆抗去世，羊祜认为灭吴的时机到了，于是再次上表请求出战。但朝堂上依旧争议很大，司马炎迟迟不能决断。后来羊祜病重，临终前还念念不忘平吴之事，司马炎派中书令张华前去问策，羊祜对张华说："如今孙皓的暴政已经到了极点，此时灭吴是千载难逢的良机。如果错过这个机会，孙皓死后，吴人另立明主，伐吴就变得更加困难了。"临终前，羊祜举荐杜预代替自己完成统一大业。羊祜死后，司马炎亲自着丧服送葬，追赠他为太傅。羊祜在襄阳很受百姓拥戴，当地百姓为他建庙立碑，每当人们前来拜祭，都要流泪不止。这座碑因此被称为"堕泪碑"。

晋灭吴之战

公元 279 年，晋武帝司马炎下诏伐吴，大军共二十余万，分为六路：琅琊王司马伷出涂中，安东将军王浑出横江洞口，这两路从徐州、扬州直逼建业，牵制吴军主力；建威将军王戎向武昌，平南将军胡奋向夏口，镇南大将军杜预向江陵，这三路从荆州、豫州南下夺取长江中游的战略要点；龙骧将军王濬率领战舰从巴蜀顺江而下，直趋建业，这一路是晋军真正的主力部队。东吴所倚仗的就是长江天险和水军优势，而王濬舰队东下已经让东吴这两个优势荡然无存。晋军势如破竹，吴军则毫无抵抗之力，连战连败，丞相张悌、丹阳太守沈莹等为保吴战死沙场。

公元 280 年三月，王濬舰队抵达建业石头城下，孙皓见大势已去，只好献城投降。东吴共传四帝，持续五十二年，至此灭亡。消息传到洛阳，群臣举杯称贺，司马炎却流着眼泪说："这都是羊太傅的功劳啊！"东吴宗室孙秀听到孙皓投降的消息，仰天长叹："当年讨逆将军（孙策）仅仅二十多岁，以一个校尉的身份创下了东吴基业，如今孙皓将整个江南之地都抛弃了，宗庙陵墓从此将成为废墟，悠悠青天啊，这究竟是谁造成的啊！"

孙皓投降后，被迁往洛阳，司马炎封他为归命侯。但孙皓作为亡国之君，还有一点硬气，不像刘禅那样昏庸。司马炎见到孙皓后，赐他座位，说："朕准备这个座位等待您很久了。"孙皓回答说："臣在南方，也准备了座位等待陛下呢。"一次贾充向孙皓发难，说："听说您在南方挖人眼睛，剥人面皮，这是什么样的刑罚？"孙皓不慌不忙地回答说："如果有臣子弑杀他的国君，就用这种刑罚惩处他。"孙皓言外之意，是在讽刺贾充弑君的"黑历史"，贾充听后沉默不语。

至此，从东汉末年以来长达九十多年的分裂局面结束了，三国时代落幕，司马氏建立的晋朝统一了全国。然而，谁都没有料到，统一局面却是那么短暂，仅仅三十年后，北方再度陷入了混乱，晋朝皇室与贵族衣冠南渡，反而是东吴经营多年的江南之地，让司马氏将政权延续了下来。

正统之辨

到这里，三国的历史就已经讲完了，但我们最后还要讨论一个问题，那就是后来历朝历代都在争论不休的一个问题：魏、蜀、吴三国，到底谁是正统？

曹魏正统的观念，首先来源于记载三国最权威的史书《三国志》。

《三国志》的作者陈寿是巴西安汉（今四川南充）人，他早年在蜀汉做观阁令史，是蜀中大儒谯周的弟子。蜀亡后，他入晋为官，但仕途不得志，于是他收集了魏、蜀、吴三国的史料，私下撰写了《魏书》《蜀书》《吴书》共六十五卷，后人将其合并为《三国志》。《三国志》名列"二十四史"之一，为史家所推崇，陈寿也被誉为"良史之才"。西晋有一位才子夏侯湛也写了一部《魏书》，但他读了陈寿写的史书后，自觉不能及，就毁掉了自己的书。

陈寿虽然是蜀汉旧臣，但在《三国志》中，他奉曹魏为正统，比如曹操、曹丕、曹叡等曹魏帝王传记一律使用"本纪"体例，而蜀、吴君主刘备、孙权等则使用和普通大臣一样的"列传"体例。但书中也有暗暗抬高蜀汉身份的地方，比如刘备之死，称"殂"而不称"薨"，玩了一点文字游戏。陈寿奉曹魏为正统的原因是，晋朝的江山是从曹魏禅让而来的，而陈寿又是在晋朝统治之下写史，只有承认曹魏是正统，才能让晋朝获得权力的合法性。

也正是因为这一背景，陈寿的《三国志》在写到司马氏的时候，不得不有所避讳和回护，比如司马昭弑君这样重大的事件就被遮掩过去了。关于司马懿父子较为权威的史料，我们只有去唐代初年房玄龄等主持编写的《晋书》中查找了。《三国志》的另一个弊病在于记叙过于简略，到了南朝宋时，史学家裴松之援引了一百多部各类史书为《三国志》做注，将很多被陈寿略去的历史故事补充进来，为后世所知。因此我们现在一般提《三国志》这本书，都要包含"裴注"在内。

在东晋时期，以蜀汉为正统的思想已经出现了，代表人物就是史学家习凿齿。他撰写了一本《汉晋春秋》，认为曹魏是篡逆，蜀汉则延续了西汉、东汉的正统，而晋朝则是从蜀汉直接承袭而来。这本书中增补了许多蜀汉的史料，而且对诸葛亮非常推崇。之所以有这样的观念产生，是因为东晋偏安江南，北方陷入混乱之中，有志之士无不思北伐以恢复故土，处境与蜀汉更为相像。无独有偶，进犯中原的汉赵皇帝、匈奴人刘渊为了笼络民心，也以蜀汉为正统，奉刘邦、刘秀、刘备为三祖，为他们立庙，俨然以汉室后裔自居。

此后历朝历代，如果是大一统王朝，且国都在北方，便大抵奉曹魏为正统。如果是偏安南方，大多会倾向奉蜀汉为正统。比如北宋时期，司马光作《资治通鉴》，写到三国时期就是以魏的年号为纪年。但到了南宋，大儒朱熹作《资治通鉴纲目》，则改为以蜀汉年号为纪年。由于朱熹理

学的影响很大，蜀汉正统的观念逐渐深入人心。尤其是到了元末明初，汉人在南方发动反抗蒙元统治者的起义，民族情绪空前高涨，打着"匡扶汉室"旗号的蜀汉君臣就更容易受到人们的偏爱。因此，在这一时期产生的通俗小说《三国演义》，就带着鲜明的"尊刘抑曹"倾向，也深刻影响了后人对三国历史的评判和认知。

※ 思 考 ※

（一）东吴走向灭亡的原因有哪些？

（二）三国"正统之辨"背后隐藏着怎样的规律？

结语

三国是一个怎样的时代？

"不是英雄，不读三国。"说起中国历史，三国毫无疑问是人们最熟悉的时期。尽管按照广义上的概念来算，三国连带上汉末乱世，总共也不过一百年的时间，放在上下五千年的中国历史中可谓非常短暂，但曹操、诸葛亮、关羽、刘备、张飞、赵云、周瑜、司马懿等三国人物却妇孺皆知，耳熟能详，那些精彩纷呈的三国故事也是经久不衰，传诵至今。

三国之所以能够"艳压群芳"，有如此大的影响，一半要归功于元末明初的通俗小说《三国演义》，毕竟大多数人都是通过这本书而走入三国的世界。但是，《三国演义》毕竟是小说，有大量虚构的成分，有些人物被过度美化，有

些人物则被歪曲贬损，这本书带有明显的"尊刘抑曹"的价值倾向，对历史的态度并不客观。如果在演义与历史中混淆不清，或者干脆就将《三国演义》当作历史来看，则不免谬以千里。

诚然，《三国演义》是一部伟大的古典文学名著，很早就被列入中小学必读书目之中。但我认为，对少年朋友而言，揭开"演义"的纱幕，走进真正的三国时代，学习与思考真正的三国历史，也同样十分必要。

那么，回归到历史中，三国到底是一个怎样的时代呢？我以为可以从四个方面来观察：

一、天下纷争，生灵涂炭。中国古代历史的主流是统一，但分裂总是间或出现，汉末三国就是一次大分裂时期。分裂意味着烽烟四起，战火连绵，百姓饱受苦难，社会生活遭到残酷的摧毁。据统计，东汉中期全国人口有5600多万，而三国时期，魏、蜀、吴三国加起来也不过760多万人，人口下降居然超过了80%。汉政权失去了对全国的有效控制后，军阀们割据一方，互相攻伐，掠夺人口与财富，导致许多地方十室九空，土地荒芜，粮食的大量减产，又造成饿殍遍地，哀鸿遍野。战乱频仍又引发了瘟疫盛行，更多的人不是死于饥荒而是死于疾病。这些痛苦与悲剧，在当时许多文人的诗文中都有直接的反映。因此，三国首先是一个不堪回首的悲情时代。

二、群雄逐鹿，英雄辈出。正如许劭评价曹操的那句"治世之能臣，乱世之奸雄"，当社会处于动荡无序的状态，时代就更加呼唤英雄，乱世给予了他们施展才华与能力的舞台，因此我们看到曹操、诸葛亮这样的战略大师，周瑜、邓艾这样的军事奇才，关羽、吕布这样的熊虎之将，郭嘉、贾诩这样的神算智者。而乱世打破了此前固化的社会阶层，让许多出身卑微、毫无背景的人也能够在历史的浪潮中搏击风浪，改变人生。魏、蜀、吴三国的奠基人曹操、刘备、孙权都不是豪门世家出身。"滚滚长江东逝水，浪花淘尽英雄"，正是三国时代的真实写照。

三、文化繁荣，宗教兴盛。我们读古代历史，往往能够看到一个特别的现象，在社会动荡、战乱频仍的时代，反而是思想活跃、文化繁荣的时期。春秋战国的大乱之世涌现出了百家争鸣，汉末三国则迎来了又一次思想的激荡。三曹、建安七子、竹林七贤……许多文学家目睹了时代的乱象和人民的疾苦，他们的作品摆脱了东汉经学给人带来

的思想上的束缚，更注重反映社会现实，表达内心的真实情感，无怪乎许多人称汉末三国是文学的"自觉时代"。与此同时，道教伴随着黄巾起义、五斗米道的发展而开始萌发壮大，佛教经由西域传入中国后，在汉末三国时迎来了蓬勃的发展，尤其是南方开始出现了大规模的佛教寺庙，让这一舶来宗教与中华文化进一步融合。

四、北人南迁，民族融合。北方的战乱给此前偏远落后的南方带来了发展机遇，大量人口的南迁带来了先进的生产方式、文化制度，中国历史上第一次出现南方可以与北方相抗衡的局面。无论是蜀汉对巴蜀、南中的治理还是东吴对江南、岭南的开发，都让南北方的差距进一步缩小，中华文化的影响力进一步扩大。魏、蜀、吴三国在互相争战的同时，也都注重处理与周边少数民族的关系。这些少数民族逐渐内迁，与汉人杂居在一起，民族之间的沟壑渐趋消弭，文明在碰撞中实现了进步。

三国虽然距今已经一千八百多年，但它对我们的影响从未消退。如今中国的许多城市，如南京、许昌、襄阳、合肥、武汉，都是从汉末三国时期开始兴起的，"老生常谈""如鱼得水""刮目相看""秋风扫落叶"等许多我们生活中经常使用的成语也都出自三国。在全国各地的戏曲舞台上，三国戏总是传唱不衰。单田芳、袁阔成、张国良等先生的三国评书影响了一代又一代听众。从央视版电视剧《三国演义》到电影《赤壁》、电视剧《军师联盟》，三国题材影视剧一直是荧屏的宠儿。更不用说备受当代年轻人喜爱的电脑游戏、手机游戏，三国元素更是俯拾皆是，很多人都是通过游戏走进了三国的世界。某种程度上，三国已经不仅仅是一段历史，更是一种文化。它的影响力早已不限于国内。关帝庙和关羽崇拜已经传播到东亚、东南亚以及海外华人地区。诸葛亮、曹操、赵云等三国人物在许多国家圈粉无数。2019 年，在日本东京国立博物馆举办的"三国志特展"，掀起一股观展热潮，两个月内观众达33.7 万人次，在日本引发了又一波"三国热"。

作为一名三国爱好者，我希望有更多的朋友能够喜欢三国，并且经由三国的小说、影视、游戏，走入真正的三国历史，感受更为丰富的三国文化。这本书希望用通俗易懂的方式讲述三国史，相比其他同类读物，我更侧重于突出两个方面，一是与历史地理学结合，将汉末三国的纷争回归到真实的地形地貌、山水形势之中，比如孙权攻打合

肥为何难以逾越，诸葛亮穿越秦岭为何困难重重，这些地理大势历经千年至今不变，能够让我们更为立体地去看待历史。二是结合考古发掘、文物和历史遗迹，正所谓读万卷书、行万里路，三国的世界不仅仅在书本之中，还在博物馆里，在遍布全国的遗址、遗迹之中。探寻这些三国遗迹已经成了我这些年生活的一大乐趣，我也希望在叙述历史的过程中，将这些发现与读者们分享，让大家看到，三国并未走远，一直就在我们身边。

主要参考书目

附录一

（晋）陈寿撰，（南朝·宋）裴松之注，《三国志》，中华书局，2011。

（南朝·宋）范晔撰，（唐）李贤等注，《后汉书》，中华书局，2000。

（唐）房玄龄等撰，《晋书》，中华书局，1996。

（晋）陈寿撰，（南朝·宋）裴松之注，卢弼集解，钱剑夫整理，《三国志集解》，上海古籍出版社，2009。

（晋）常璩撰，汪启明、赵静译注，《华阳国志译注》，四川大学出版社，2007。

（东汉）刘珍等撰，吴树平注释，《东观汉记校注》，中华书局，2008。

（宋）司马光撰，《资治通鉴》，中华书局，2009。

（南朝·宋）刘义庆撰，朱碧莲、沈海波译注，《世说新语》，中华书局，2011。

（明）罗贯中著，《三国演义》，人民文学出版社，1998。

何兹全，《三国史》，人民出版社，2011。

柳春藩，《三国史话》，中国国际广播出版社，2009。

（日）金文京著，何晓毅、梁蕾译，《三国志的世界：后汉三国时代》，广西师范大学出版社，2014。

王仲荦，《魏晋南北朝史》，上海人民出版社，2016。

张鹤泉，《魏晋南北朝史：分裂与融合的时代》，中信出版社，2017。

谭其骧主编，《中国历史地图集》，中国地图出版社，1982。

周振鹤主编，胡阿祥、孔祥军、徐成著，《中国行政区划通史·三国两晋南朝卷》，复旦大学出版社，2017。

杨泓、朱岩石主编，中国社会科学院考古研究所编著，《中国考古学·三国两晋南北朝卷》，中国社会科学出版社，2018。

罗宗真，《魏晋南北朝考古》，文物出版社，2001。

田余庆，《秦汉魏晋史探微》，中华书局，2011。

方诗铭，《三国人物散论》，上海古籍出版社，2000。

朱子彦，《汉魏禅代与三国政治》，东方出版中心，2013。

仇鹿鸣，《魏晋之际的政治权力与家族网络》，上海古籍出版社，2015。

宋杰，《三国兵争要地与攻守战略研究》，中华书局，2019。

成长，《列族的纷争：三国豪门世家的政治博弈》，山西人民出版社，2018。

思考问题答案

第一章　第一节　东汉的衰微

思考：

（一）东汉王朝最主要的政治顽疾是什么？它对国家造成了怎样的危害？

答：东汉王朝最主要的政治顽疾是外戚宦官交替专权，它使得皇权旁落，朝政腐败，良臣罢黜，小人当道，老百姓受到的剥削和压迫更加深重，东汉由盛转衰。

（二）东汉童谣"直如弦，死道边；曲如钩，反封侯"说的是哪两类人？

答：前一句指的是党锢之祸中被罢黜、残害的清流大臣，他们直言上谏，抨击朝政，却遭到打压与迫害。后一句指的是当权的宦官及其爪牙，他们媚上欺下，对皇帝阿谀讨好，反而一个个升官封侯，享受荣华富贵。

第一章　第二节　黄巾起义

思考：

（一）黄巾起义与此前的陈胜吴广起义、绿林赤眉起义有哪些不同？

答：黄巾起义与前两次大起义相比，一是准备时间很长，张角在民间传教达十多年之久；二是利用了宗教来煽动和组织起义的民众；三是参与人数众多，达数十万人，涉及范围很广，全国七州二十八郡都有信众响应。

（二）黄巾起义的口号"苍天已死，黄天当立"是什么意思？

答："苍天"代表东汉王朝，东汉流行"五德终始说"，张角认为"土德"可以取代汉朝的"火德"，而"土德"尚黄，所以"黄天"代表的就是张角所期待建立的新政权。

（三）黄巾起义为何会在短短九个月内就归于失败？

答：（1）东汉朝廷虽然衰弱，但是还拥有较强的军事力量，以及像皇甫嵩、朱儁这样能征善战的将领，而张角组织起的黄巾军大多数是没有作战经验的平民，缺乏战术战法；（2）黄巾军在全国散布很广，处处开花，但是没有形成局部优势，这就很容易让朝廷的军队各个击破；（3）黄巾军的军纪较差，起义后在各地四处烧杀掠夺，很快失去了百姓的支持。

第一章　第三节　董卓进京

思考：

（一）东汉郡、县两级行政区划是如何变成州、郡、县三级行政区划的？东汉末年的十三州都在哪里？

答：东汉行政区划原本是郡县两级，州刺史仅为监察官。黄巾起义后，刘焉向汉灵帝提出选派官员设立州牧，提升州的地位。此后的州牧和州刺史拥有了更多行政和军事权力，州从而成为凌驾于郡县之上的行政单位。

东汉末年有十三个州，分别是司隶（陕西关中、河南西部）、冀州（河北大部）、青州（山东北部）、兖州（河南东部、山东西部）、徐州（山东南部、江苏中北部）、扬州（江苏南部、安徽、浙江、江西、福建）、荆州（河南西南部、湖北、湖南）、豫州（河南中南部）、益州（四川、重庆、陕西南部、云南、贵州）、凉州（甘肃、宁夏）、幽州（河北北部、北京、天津、辽宁、朝鲜西北部）、并州（山西、陕西北部）、交州（广东、广西、越南北部）。具体位置和领域可参阅谭其骧主编的《中国历史地图集》。

（二）怎样评价袁绍引外兵入京师这一计策？

答：正如陈琳所言，袁绍此举等同于"授人以柄"，借助外兵来除掉宦官，最终导致的结果就是宦官虽然被铲除了，但朝政也被他召来的西凉军阀董卓控制。董卓废立皇帝，屠杀百姓，专权跋扈，比宦官的危害更大，东汉王朝更加无可救药。

第一章　第四节　讨董联军

思考：

（一）关东诸侯讨董联军是怎样形成的？

答：董卓进京后，把持朝政，倒行逆施，致使地方州郡长官

不再听从朝廷命令，纷纷各自为政，组建军队，设置官吏，成为大大小小的割据军阀。袁绍从洛阳出逃后，担任渤海太守，联合与他关系密切的九路诸侯共同组成讨董联军。因为他们都处于函谷关以东，所以叫关东诸侯。

（二）为什么关东诸侯讨董联军最终以失败告终？

答：关东诸侯虽然有十路之多共计十余万之众，但除了曹操、孙坚奋力杀敌外，大多数联军成员作壁上观，日日置酒高会，不思进取。而董卓则挟持天子迁都长安，只留下一个燃烧殆尽的洛阳城。夺回天子的目标无法实现，各路诸侯最后只能一哄而散。

第一章　第五节　吕布与貂蝉

思考：

（一）"四大美女"之一的貂蝉在历史上实有其人吗？

答：貂蝉是后代小说家虚构出来的人物，历史上并没有这个人，只记载了吕布与董卓一名侍妾私通，导致吕布对董卓动了杀机。这可能是貂蝉的原型。

（二）董卓以凉州军阀的身份进京，独揽朝政，为什么短短三年就事败身亡？

答：董卓为人残暴，滥行杀戮，招致天怒人怨。他擅自废立皇帝，焚烧帝都，挖掘帝陵，劫掠民间，不仅失去了民心，也在朝中树敌太多，他的被杀是他恶行的必然结果。

（三）为什么王允除掉了董卓，天下却没有恢复太平？

答：董卓虽然被杀，但他带进关中的西凉军旧部仍在，王允掌权后缺乏政治智慧，对董卓余党一味赶尽杀绝，反而激发了他们兵戈相向，最终王允被杀，朝廷又被李傕、郭汜等凉州军阀控制。当时天下已经大乱，不可能因为董卓的死去而重新回到之前的局面。

第二章　第一节　曹操与袁绍

思考：

（一）曹操和袁绍的出身有何不同？他们的家世对他们后来的人生道路有着怎样的影响？

答：曹操的祖父是大宦官曹腾，父亲是通过行贿而上位的曹嵩，家族地位不高而且有污点，为当时的清流大臣所厌弃。袁绍则出身"四世三公"的豪门大族，门生故吏遍天下，他少年时就有很高的声望，想要与他结交的人络绎不绝。曹操和袁绍家世地位悬殊，这就导致袁绍在乱世中可以很方便地利用家族带给他的政治资源，组建讨董联军，招募天下英豪，割据河北之地，但这也让袁绍不免显得傲慢与骄纵。而曹操只能白手起家，在乱世中更需要依赖自己的能力去打拼地盘，用更诚恳的态度去吸引人才。他经受的失败和磨砺更多，也就更为坚韧顽强。

（二）怎样理解许劭对曹操"治世之能臣，乱世之奸雄"的评语？

答："治世之能臣，乱世之奸雄"是对曹操非常精确的评价，许劭认为曹操在和平时代是一个能够辅佐皇帝治理国家的能臣，但到了乱世就是一个奸雄。所谓奸雄，一方面拥有非凡的胆识和智慧，可以在群雄混战中脱颖而出，另一方面则失去了道德的约束，为了目的，心狠手辣，不择手段，这在后来曹操的人生中都有十分突出的表现。

第二章　第二节　颍川谋士

思考：

（一）以荀彧为代表的"颍川谋士"为曹操集团的壮大起了哪些作用？

答：曹操陈留起兵的时候主要依靠的是来自家乡谯县的曹氏、夏侯氏武将，但是缺乏出谋划策的谋士辅佐。以荀彧为代表的"颍川谋士"的到来，能够帮助曹操制定战略蓝图，完善制度建设，协调军事生产，安抚城池民心，提供奇谋妙策，招揽更多人才。可以说，曹操拥有了"颍川谋士"，才插上了腾飞的翅膀。

（二）荀彧为什么说，兖州是曹操夺取天下的根本？

答：兖州位于黄河下游，人口稠密，经济发达，受到乱世的冲击也最大，人民渴望一位让他们能够安居乐业的统治者。而兖州又是四战之地，占领这里后，向东征讨徐州，向南吞并豫州，向西收复洛阳都非常方便；而北边又是与曹操处于结盟状态的袁绍，因此荀彧认为，立足兖州，就能够逐步控制中原，进而夺取天下。

第二章　第三节　奉天子以令不臣

思考：

（一）袁绍、袁术、曹操对于汉献帝分别持怎样的态度？态度的不同最终对他们带来怎样的影响？

答：袁绍谋求另立皇帝，袁术则干脆自立为帝，这两种行为都是明目张胆的僭越行为。当时汉室虽然已经衰落，但仍有君臣之分，二袁在天下尚未平定的时候，就急不可耐地表露出取汉室而代之的想法，反而失去了人心。结果，袁绍的另立计划因得不到支持而破产，袁术自立为帝后众叛亲离，在一片唾骂中死去。而曹操审时度势，在汉献帝身处危机的时候果断相迎，表示出尊奉汉室的态度，并且迁都许县，实现了"挟天子以令诸侯"的政治优势。

（二）曹操在许县推行屯田制的措施是什么？对曹操集团有怎样的意义？

答：曹操招募各地流民，以军事组织的形式将他们编为屯田民，由政府提供土地和农具，获得的收成由政府和屯田民按比例分成，称为民屯。后来曹操还组织了一部分军队屯田，称为军屯。

屯田制施行后，因战乱而流亡的百姓获得了土地，荒芜的土地则得到了耕种，社会生产得到了恢复，曹军征战也获得了稳定的粮食保障。这为曹操集团击败吕布、袁绍等强敌，统一北方并建立魏国奠定了坚实的基础。

第二章　第四节　官渡之战

思考：

（一）为什么无双神勇的吕布在群雄纷争之中早早出局了？

答：吕布虽然勇猛，但是毫无谋略，比如在与曹操的战事中，他能够取得暂时的优势，但在长期对抗中就逐渐落于下风。更重要的是，吕布没有政治理想，缺乏信义，为人桀骜不驯，他杀了丁原、董卓两任故主，四处流亡而不被相容，刘备收留他后他又夺了刘备的地盘。这种性格决定了他很难得到地方势力的支持，比如他最终的落败就跟徐州本土大族陈登的反叛有很大关系。

（二）曹操在与袁绍决战之前做了哪些准备？

答：曹操向东消灭了吕布、刘备，将徐州收入囊中；向南招降了张绣，并且对荆州刘表进行威慑，使其不敢北上；向西清除

李傕、郭汜等，并派钟繇安抚关中马腾、韩遂等；在内部则平息了董承等人谋划的叛乱，解决了后顾之忧。

（三）曹操的兵力不如袁绍，为什么能够取得官渡之战的胜利？

答：官渡之战中，曹操与袁绍相比处于明显的劣势，不仅兵力和装备相差悬殊，还遭遇了军粮不济的危机。但曹操能够充分地采纳谋士提出的正确意见，并且果断地做出决策，抓住战略时机，打击袁军的软肋，争取战场的主动。而袁绍虽然兵多粮足，但内部派系斗争严重，内耗加剧，袁绍本人又优柔寡断，不纳忠言，一再浪费大好战机。他又用人失误，让有勇无谋的颜良、文丑孤军深入，让能力平庸的淳于琼把守乌巢，最终都为曹操所破。可以说，袁绍的优势在实战中全部变成了劣势。

第二章　第五节　平定河北

思考：

（一）郭嘉对曹操平定河北起到了哪些作用？

答：郭嘉是曹操早期最信任的谋士之一，在平定河北的过程中，郭嘉建议曹操利用袁谭、袁尚兄弟不和的机会，先退而缓攻，待二袁自相残杀，再各个击破，最终成功夺取了冀州。袁熙、袁尚北投乌桓后，郭嘉又建议曹操一鼓作气，彻底消灭袁氏余部，并提出兵贵神速之策，选派轻兵从小路快速进军，攻其不备。曹操采纳郭嘉的计策后，在几年内便平定了河北，诛灭二袁，降伏辽东，郭嘉可以说是曹操平定河北的第一功臣。

（二）"三曹""建安七子"都是谁？为什么建安年间会出现文学的高峰？

答："三曹"指的是曹操、曹丕、曹植父子三人，"建安七子"指的是孔融、王粲、陈琳、应玚、刘桢、徐干、阮瑀七人，他们都活跃于建安年间，创作了大量具有时代特色的诗文作品，形成了"建安文学"这一文学史上独特的现象。建安年间之所以出现文学高峰，是因为东汉末年的战乱让文学家们目睹了许多民间疾苦，亲历了人生磨难，产生了更多需要表达的创作热情。而随着汉朝统治的崩溃，这一时期的思想也更为自由，文学家们得以打破束缚，用更加直接的方式抒发心中的情绪，在诗文创作上尝试更多的变化与突破，文学因此也迎来了一次飞跃的发展。

第三章　第一节　刘备的流亡

思考：

（一）刘备前半生颠沛流离，败多胜少，有人说他"反复无常"，有人说他"不屈于人下"，你如何评价他？

答：本题是开放性题目，没有标准答案。刘备是一个很复杂的人，他的身上兼具了多种性格特征，有人喜爱，也有人不喜爱，你也可以选择自己的角度来对他进行评价。

（二）曹操为什么会对刘备说"天下英雄唯有你和我"？

答：刘备虽然出身低微，半生飘零，但他志向远大，百折不挠，不屈于人下，这样的意志和毅力都非常人所及。这些都被曹操看在眼里，他将刘备与自己比肩，一来是对刘备给予高度评价，二来也是对刘备进行试探和提醒，让刘备明白他的心思都已被自己洞察，警告他不要与自己作对。当然，曹操并没有能够阻止刘备的崛起，后来刘备也真的壮大到可以与曹操一决雌雄的程度了。

第三章　第二节　诸葛亮出山

思考：

（一）诸葛亮为什么会娶"丑女"为妻？

答：诸葛亮迎娶"丑女"黄氏，一方面是不以貌取人，敬重她的才华；另一方面则是看重黄氏的父亲黄承彦的深厚背景。黄承彦是襄阳名士，与司马徽、庞德公等人为友，又与荆州牧刘表有姻亲关系。与黄氏结婚后，诸葛亮的交际圈更大了，他的名声也慢慢传播出去。

（二）诸葛亮的"隆中对"提出了哪些富有远见的见解？

答：首先，诸葛亮对当时的天下局势做出了精准的判断，他认为曹操占据了北方，但没有统一天下的能力；江东孙权拥有长江天险，是一股重要的力量。他预测到未来天下会"鼎足而立"，而刘备若想成为天下三分之一，就必须与孙权联盟，然后夺取荆州和益州。他还为刘备规划了北伐中原的路线，即等待北方动荡之时，由刘备亲自率军从益州北上，另选一名大将从荆州北上，则汉室复兴有望。从后来的历史看，刘备基本是按照"隆中对"的构想来行动的，从而一步步实现了三分天下有其一的蜀汉

基业。

第三章　第三节　孙氏据江东

思考：

（一）孙坚、孙策父子都是当世英雄，却为何英年早逝？

答：孙坚、孙策父子作战勇猛，战果辉煌，但他们都过于依赖自己的武勇，不顾自身安危，轻敌冒进，结果都年纪轻轻死于非命。

（二）**孙策为什么要选择孙权作为自己的接班人？**

答：孙策凭借自己非凡的军事能力渡江攻略江东诸郡，奠定了东吴政权的基础。但孙策在临终时看到，想要长久据有江东的土地，不仅要兵强马壮，更要有任用贤能、保境安民的统治者。孙权虽然在临阵杀敌方面不如自己，但他为人谦逊，有度量，有智谋，是最合适的继承者。

（三）从张纮的"江都对"到鲁肃的"合榻对"，孙氏政权的战略目标发生了怎样的变化？

答：张纮的"江都对"提出避开北方纷争，在长江以南壮大势力的战略蓝图。鲁肃的"合榻对"继承了上述主张，并进而建议孙权剿灭黄祖，攻伐刘表，将长江以南的全境收为己有。但张纮主张孙策辅佐汉室，鲁肃则完全推翻了这一论断，认为汉室不可复兴，孙权应该谋求称帝，改朝换代。在鲁肃的鼓舞下，江东孙氏集团开始积极对外扩张，谋求霸业，后来孙权果然也开国称帝了。

第三章　第四节　赤壁之战

思考：

（一）赤壁之战中孙刘联军击败曹操的原因是什么？

答：（1）曹操南下之后势如破竹，收降荆州，军事上的顺利让他骄傲轻敌，麻痹大意，甚至轻信黄盖的诈降。而孙刘两家已经被置于生死存亡之地，士气更为高昂；（2）曹军多是北方人士，不习水战，而且军中瘟疫流行，战斗力大为削弱。而周瑜统领的江东水军则是熟悉水战的精锐之师。（3）曹操在战术上犯了一些严重的错误，比如在荆州尚未立足，就急于去挑衅孙权；没有在当阳消灭刘备，而给了他与孙权联手的机会。孙刘联军方面，主

将周瑜深通兵法，巧妙地采取火攻的策略，实现了以少胜多的战争奇迹。

（二）如果孙权听从张昭的建议投降曹操，历史将会是怎样的？

答：如果孙权不战而降，那么曹操将顺利接管江东，孙权作为一股政治势力将不复存在；刘备失去了孙权的庇护，也再难以重新崛起。曹操很可能会在极短的时间内实现天下一统，"三足鼎立"的局面也就不会产生了。

（三）历史上诸葛亮在赤壁之战中起到了怎样的作用？这和小说《三国演义》中的叙述有何异同？

答：历史上诸葛亮在赤壁之战起到的最大作用就是作为使者前往江东，与孙权达成联盟共抗曹操，让刘备在惨败之后得到喘息的机会，也为刘备集团的起死回生发挥了关键作用。但是在史书记载中，诸葛亮并没有直接参与赤壁之战，《三国演义》中的"舌战群儒""智激周瑜""草船借箭""借东风"等故事都是小说家虚构或移花接木的产物。

第三章 第五节 刘备入益州

思考：

（一）为什么刘备和孙权都想要争夺荆州这片土地？

答：荆州位于当时中国地理的"十字路口"处，既是南北之间的交通要道，也控制着长江中游的天然险要，是兵家必争之地。刘备寄寓荆州达七年之久，他在此地广施恩德，结交贤能，有深厚的人脉基础。刘表死后，刘备手中又有刘琦这一招抚荆州的大旗，对荆州更是志在必得。在诸葛亮"隆中对"中，荆州是刘备取得三分天下的根基所在。然而对孙权来说，想要从江东向外扩张，荆州就是必取之地。荆州位于江东的上游，只有夺得荆州才能保证江东的安全，鲁肃"合榻对"中就将夺取荆州作为孙权未来的主攻方向。因此，孙刘两家都想将荆州纳入自己手中，荆州问题从而成为他们不可调和的矛盾。

（二）周瑜和鲁肃在对待刘备的问题上为何持截然不同的观点？

答：周瑜认为刘备不会长久屈于人下，时间长了必为江东之祸，主张趁其羽翼未丰除掉他。而鲁肃是孙刘联盟坚定的维护者，

主张继续与刘备联盟，让刘备成为为江东抵御曹操的一股力量。这种差异，主要是因为周瑜和鲁肃对刘备评价的侧重点不同，周瑜看重刘备"枭雄"的一面，不相信他会真心为孙权效力；鲁肃则看重刘备"英雄"的一面，认为他才是最能够抵御曹操的人。

（三）有人说刘备攻打益州违背了他一直以来奉行的仁德道义，是他政治生涯的一个污点，你怎么看？

答：这种观点有一定的道理，刘备夺取益州，的确是利用了刘璋的信任反过来夺人土地，不是仁义之举。但实际上，在乱世争雄的时代，一味追求仁义会陷入迂腐的境地，从而被淘汰。刘备虽然以仁义称著，但面对益州这块可以成就霸业的沃土，采取权谋手段就在所难免了。本题是开放性题目，小读者也可以有自己的观点。

第四章　第一节　曹操称王

思考：

（一）曹操在渭南之战中战胜马超的原因是什么？

答：马超集结了关中十部兵马，战力强劲，而且一度让曹操陷入被动。但关中诸将有勇无谋，内部又有分歧，曹操则擅长使用计谋，一方面分兵渡过黄河，绕道潼关，一方面分化离间马超、韩遂等人，最终取得了渭南之战的胜利。

（二）淮南的合肥、濡须口为什么会成为曹魏与孙吴争夺的战略要地？

答：淮南是南北之间的战略要地，从淮南北上可以通过淮河的支流抵达中原腹地的许都、洛阳，从淮南南下则可以进长江威胁江东。因此无论是曹魏南征孙吴，还是孙吴北伐曹魏，都要在淮南这块地方进行激烈交锋，合肥、濡须口也就成为双方反复争夺的战场。

（三）荀彧为什么和曹操走向决裂？

答：荀彧与曹操的决裂是因为理念不合。荀彧出身颍川荀氏，世代为汉室忠臣，荀彧选择辅佐曹操，是因为他认定了曹操有能力平定天下，匡扶汉室，然而随着曹操的权势越来越大，他欺凌天子，独霸朝纲，铲除异己，逐渐显露出代汉自立的野心，这是荀彧所不能容忍的。因此当曹操称魏公时，荀彧坚决反对，两人从此走上决裂。

第四章　第二节　汉中争夺战

思考：

（一）汉中的地理环境具有怎样的战略特征？

答：汉中南边与巴蜀有大巴山、米仓山相阻隔，北边与关中有秦岭相阻隔，中有汉水流经，在群山之间形成了一块平整的盆地，这样独特的地貌特征让汉中天然成为一块进可攻、退可守的战略要地。同时，汉中又夹在关中和巴蜀两大地理板块之间，无论是从关中进取巴蜀，还是从巴蜀北出关中，汉中都是必争之地。

（二）蜀汉"五虎上将"都是谁，这个称号是怎么来的？

答：蜀汉"五虎上将"是指关羽、张飞、马超、黄忠、赵云。《三国志》将他们五人列为一传。"五虎上将"的名称不见于正史，而是出自小说《三国演义》。

（三）为什么汉末三国时期会涌现出华佗、张仲景、皇甫谧这样著名的医学家？

答：因为汉末三国是动荡的年代，百姓饱受战争与疾病的摧残，催生了华佗、张仲景、皇甫谧这样的医学名家。

第四章　第三节　关羽失荆州

思考：

（一）关羽为何会在胜利的大好形势下迅速走向败亡？

答：（1）关羽骄傲轻敌，以为胜券在握，从江陵调大军北上围攻樊城，导致后方空虚；（2）关羽北伐始终是一支孤军，刘备远在蜀中没有进行相应的配合和支援；（3）关羽北伐打破了曹刘孙实力均衡的局面，他的节节胜利反而迫使曹操与孙权联起手来对付他，关羽没有处理好与孙权的关系，辱骂其来使，为自己埋下祸患；（4）关羽不注重内部团结，他与麋芳、士仁等同僚关系不睦，在关键时刻二人向吕蒙投降，导致关羽腹背受敌，最终落败。

（二）如果你是刘备或孙权，会如何处理双方在荆州问题上的纠纷？

答：此题为开放性问题，没有标准答案。

（三）关羽作为一名史书中着墨并不多的武将，为何会在后

代被奉为武圣、财神、关帝？

答：宋朝以后，国家军事薄弱，长期受北方游牧民族侵袭，因此关羽被尊为武神。明清之时，晋商兴起，作为山西人的关羽被奉为保护神，久而久之成了财神。清朝时，入关的满人希望借助关羽崇拜笼络人心，引导汉人为清朝效忠，因此逐步将关羽升格为武圣人。

第四章　第四节　曹丕代汉

思考：

（一）曹操为什么在世子之争中选择了曹丕？

答：曹丕与曹植相比，政治上更为成熟，有着更为丰富的从政经验，而且得到了更多文武大臣、世家大族的支持。而且，曹丕年长于曹植，袁绍、刘表都曾经因为废长立幼而导致诸子争位，立曹丕为世子可以最大限度地实现曹操死后权力的和平过渡。

（二）曹操为什么没有迈出代汉称帝的那一步？

答：曹操一生为汉臣，他是在汉朝崩溃的乱世崭露头角的，又因为"奉天子以令不臣"而走上了权力的巅峰，他虽然心怀代汉的野心，但汉臣的身份是他卸不下的包袱，他如果代汉称帝，难免就会像王莽那样留下骂名。他虽然没有走出代汉称帝这一步，但在他有生之年，已经为其子曹丕称帝铺平了所有道路。

（三）曹植的诗文风格为什么分成了截然不同的两个时期？

答：在曹操去世之前，曹植凭借父亲的宠爱，过着逍遥偶傥的生活，诗文充满浪漫气息。但在曹操去世后，曹丕、曹叡对曹植严加防范，频繁迁徙曹植的封地，派人监视他的一举一动。在这种失意落寞的境遇下，曹植的诗文风格也随之一变，充满了哀怨忧伤之感。

第四章 第五节 夷陵之战

思考：

（一）某影视剧里，刘备的军队打出一面写着"蜀"字的旗号，请问这部剧犯了怎样的历史错误？

答：刘备称帝，国号为"汉"，表示对汉室的承袭。"蜀"是当时魏、吴等敌国对刘备政权的称呼，后来因为陈寿《三国志》中编有《蜀书》，后世习惯称之为"蜀汉"或"蜀"，以区分"西

汉""东汉"。刘备政权不可能自我贬损为"蜀"。

（二）关羽、张飞之死和他们的性格缺陷有怎样的关系？

答：关羽、张飞都死于自己的性格缺陷。关羽呵护士卒，但对士大夫非常傲慢，因而与同僚不和，与孙权不睦，为后来的失败埋下了隐患。张飞尊敬名士，但对士卒和随从十分粗暴，动辄打骂，最终也死于属下之手。

（三）刘备东征犯了哪些错误？这些错误是否可以避免？

答：刘备东征放弃了水路，而是沿着长江北岸走陆路进军，虽然在早期有所胜绩，但行军速度被严重拖缓，在夷陵与吴军形成胶着之势。刘备又犯了兵家大忌，让士兵在树木茂盛之处下寨，连营七百里，结果为陆逊火攻所破，几乎全军覆没。实际上，刘备身边只要有一位谋士就可以避免这样的错误，但当时诸葛亮并没有随军，法正已死，刘备的错误没有人来匡正，最终导致惨败。

（四）你怎样理解刘备白帝城托孤对诸葛亮说的那番话？

答：有人认为，刘备给予了诸葛亮充分的信任，他告诉诸葛亮如果刘禅不能辅佐就可以自取，也是出于真心。但实际上，即便刘禅是个庸主，诸葛亮也不可能代他而立，最多是从刘备儿子中另选贤能者为君。因此刘备的这一番话，可能另有深意。此题也没有标准答案，读者可以根据自己的理解进行解答。

第五章　第一节　诸葛亮治蜀

思考：

（一）诸葛亮主政下的蜀汉，对内和对外采取了哪些措施，让国家走出了危险的境地？

答：诸葛亮主政蜀汉后，在外交上与东吴修复关系，重新结盟，解除了东边的威胁，可以全力对付北方的曹魏；在内部，严刑律法，恢复生产，让蜀汉的经济迅速恢复起来，并且亲自率军平定南中叛乱，让北伐不再有后顾之忧。

（二）诸葛亮平定南中采取了怎样的策略，最终收效如何？

答：诸葛亮平定南中采取了马谡提出的"攻心为上，攻城为下；心战为上，兵战为下"的策略，在武力征讨的同时，更加注重对南中夷汉民众的安抚和归化。他曾对孟获"七擒七纵"以释

善意，在平定叛乱之后，他不留兵、不运粮，由南中人自己来管理南中。他宽柔的政策消解了南中少数民族与朝廷的矛盾，让南中安定下来。此后几十年间，南中虽然也频繁发生局部的叛乱，但没有对蜀汉的政权构成影响，大量的南中勇士还被补充到蜀汉军队中，成为北伐的精锐部队。

第五章　第二节　出师北伐

思考：

（一）从汉中进攻关中有哪几条道路？地形地势对诸葛亮的北伐起到了怎样的作用？

　　答：从汉中进攻关中，必须穿越秦岭，自西向东主要有五条道路：祁山道、陈仓道、褒斜道、傥骆道、子午道。其中子午道最近，可以直抵长安城下，但道路艰险，诸葛亮用兵谨慎，并未采取魏延的"子午谷之谋"。祁山道最远，但是相对比较平坦，而且从此出发可以占据曹魏防御相对比较薄弱的陇西，对关中产生强大的压力，因此成为诸葛亮第一次北伐选择的道路。可见，地形地势对诸葛亮北伐起到了举足轻重的作用，秦岭山路的复杂地形，一方面保护了汉中不易被侵袭，另一方面也给诸葛亮的北伐带来了极大的困难。

（二）你觉得如果诸葛亮选择魏延的"子午谷之谋"，北伐会取得成功吗？

答：本题是开放性题目，没有标准答案。虽然说历史没有假设，但可以根据现有的史料信息进行合理的推论和假想，这也是我们学习历史的一大乐趣。以笔者个人观点来看，魏延如果执行"子午谷之谋"，势必只能率领轻兵部队，不可能携带攻城的重型武器，因此即便抵达长安城下，若守军固守待援，魏延的奇兵很难强攻破城。魏延的唯一希望是长安守将夏侯楙弃城而走，这在后来邓艾灭蜀时也有成功的案例（邓艾奇袭阴平小道，江油守将不战而降），但结合当时魏国国力，这种可能性较低，所以"子午谷之谋"此计的风险很大。

（三）诸葛亮第一次北伐失败的原因是什么？

答：从表面上看，诸葛亮用人失误，启用只会"纸上谈兵"的马谡去守街亭，失了战略要地，致使北伐功亏一篑，三郡得而复失。但从深层次来看，诸葛亮败在魏蜀两国巨大的国力差距。曹魏拥有汉末九州之地，蜀汉仅有一州，无论钱粮、人口、兵力、

人才都相差悬殊，诸葛亮北伐初期能够取得三郡只是打了曹魏一个措手不及，但曹魏反应过来后，立即做出部署，魏帝曹叡御驾亲征，曹真、张郃两路出击，蜀军的优势很快就丧失了。诸葛亮在世时，曹魏政局稳定，君主贤明，名将如云，诸葛亮的北伐想要取得成功几乎是不可能完成的任务。

第五章　第三节　秋风五丈原

思考：

（一）**诸葛亮明知蜀弱魏强，为什么还要多次发动北伐？**

答：（1）蜀汉立国承袭着东汉的正统，而在蜀汉看来，曹魏是篡汉的逆贼，讨伐曹魏是蜀汉的国家使命，诸葛亮《后出师表》中也说"王业不偏安"，想要"兴复汉室，还于旧都"，就必须北伐曹魏；（2）诸葛亮受刘备三顾之礼、托孤之恩，背负着尽忠报恩的责任，只有北伐才能继承刘备的遗志，为刘备实现未竟的梦想；（3）诸葛亮北伐也起到了以攻代守的作用，蜀汉积极对外用兵，让国力强大的曹魏反而居于守势，乃至于诸葛亮逝世后相当长的时间，曹魏也不敢向蜀汉主动攻击。

（二）诸葛亮为什么会得到后世的追捧和崇敬？

答：（1）诸葛亮是忠臣的典范，他先后辅佐蜀汉两代君主，鞠躬尽瘁，竭忠尽智，将毕生的心血倾注在兴复汉室的大业上，用生命报答了刘备的知遇之恩，他的《出师表》让无数仁人志士读之落泪；（2）诸葛亮是贤臣的典范，他为官廉洁，为人正直，执法严明，大公无私，他治下的蜀汉社会安定、物阜民丰。蜀中百姓感念其德，甚至在他死后纷纷自发立祠庙祭拜；（3）诸葛亮是智者的典范，他在未出茅庐时就对天下大势做出了精辟的论断，堪称一代战略大师，后又只身过江促成孙刘联盟，为刘备建立蜀汉政权屡出奇计，后来在南征北战中又展现了自己的军事才华，连司马懿都赞他是"天下奇才"。随着小说《三国演义》的进一步渲染，诸葛亮的名字就成了智者的代名词。

（三）你觉得《三国演义》里的诸葛亮与史书中有哪些不同？

答：《三国演义》里的诸葛亮总体上是按照史书的记载来描写的，但是为了强化诸葛亮的智谋、突出其人物形象，小说家为诸葛亮添加了许多史书没有（或有争议）的故事，比如"三气周瑜""草船借箭""借东风""空城计""八卦阵""诸葛禳星"，其中有些情节因为掺杂了宗教迷信色彩，显得有些脱离实际，神乎

其神，即如鲁迅先生所说"状诸葛亮之多智而近妖"。本题亦是开放性问题，读者可以在此基础上对《三国志》《三国演义》比较阅读，通过分析，得出自己的观点。

第五章　第四节　曹魏治理北方

思考：

（一）九品中正制带来了哪些深远的影响？

答：九品中正制在推行之初，有助于曹魏拉拢世家大族，收拢人事权力，实现汉魏禅代的顺利过渡。然而，九品中正制在选拔官吏的时候将德行与家世并列，中正官又逐渐被世家大族把持，以至于到了晋朝以后，家世逐渐成为品评的唯一标准，形成"上品无寒门，下品无士族"的局面，造成了后来的门阀制度现象。

（二）曹魏是如何处理与周边少数民族政权的关系的？

答：曹魏对羌、匈奴、鲜卑、高句丽等少数民族政权采取怀柔策略，并且逐渐将他们向内地迁徙，使胡汉杂居，同时吸纳一部分少数民族精勇充实曹魏军队。对于心怀异心的少数民族政权，曹魏也果断地采取武力进行征伐。因此终魏国一代，北方边境没有出现大的动荡。

第五章　第五节　东吴开发江南

思考：

（一）孙权为什么会选择建业作为东吴的国都？

答：（1）建业位于长江下游的钟山之侧，依山傍水，地理位置优越；（2）建业靠近江东最为富足的"三吴"地区，拥有广阔的太湖平原作为战略纵深和钱粮供给；（3）建业有长江天险作为屏障，易守难攻，同时从建业跨过长江又可以窥伺淮南，使建业成为东吴北上用兵的军事大本营；（4）建业原本是一座小城，孙权在此基础上打造了一座全新的国都，有助于摆脱江东大族的控制，增强中央集权。

（二）东吴对南方社会经济的发展做了哪些贡献？

答：（1）发展生产，实施屯田，兴修水利，在江南开发了大量土地，使江南成为鱼米之乡；（2）征讨山越，导民出山，充实了南方的人口，扩大了国土疆域；（3）兴建城市，一批名城开始兴起；（4）发展造船业与航海业，东吴的舰队可以远航至辽东、

夷洲及东南亚一带，使东吴成为我国古代少有的重视航海、面向海洋发展的朝代；（5）崇尚佛教，大兴佛寺，佛教从东吴开始在江南传播繁荣开来。

第六章　第一节　司马懿夺权

思考：

（一）司马懿是如何一步步夺取魏国权力的？

答：司马懿出身河内大族，早年他在曹操胁迫下出来做官，只担任丞相主簿这样的低级官吏。后来他与曹丕交好，为曹丕立嗣立下汗马功劳。曹丕去世时，司马懿已经是四位托孤重臣之一了。在曹叡时期，司马懿开始掌握军权，抵挡诸葛亮的北伐，又率军远征辽东消灭了公孙渊。曹芳即位，司马懿作为四朝元老，与大将军曹爽共掌国政。此时司马懿年事已高，他表面上对曹爽步步忍让，诈病归隐，实际上暗中培养死士，积蓄力量。高平陵政变中，司马懿一举消灭曹爽及其党羽。经过了几十年的蛰伏，司马懿终于夺取了魏国的权力。

（二）曹爽为什么会在与司马懿的斗争中落败？

答：曹爽是曹真的儿子，比司马懿低一辈，无论是在朝中的资历还是个人的能力都无法与司马懿比肩。曹爽他在曹魏几乎没有什么战功，其地位完全是凭借裙带关系而来的，而他又特别自大狂妄，以为司马懿已老迈不堪，不把他放在眼里，四处安插自己的亲信党羽，排挤司马懿及朝中重臣，而又对司马懿丝毫没有防备。高平陵政变中，曹爽挟天子在手，完全可以与司马懿一搏，但他不听桓范忠言，愚蠢到放弃抵抗向司马懿投降，最终葬送了全族性命。曹爽在政治上与老谋深算的司马懿根本不是一个量级的，最终落败可谓命中注定。

第六章　第二节　反司马的斗争

思考：

（一）淮南为什么多次成为反抗司马氏统治的策源地？

答：司马氏父子没有直接经营过淮南，对淮南的控制程度较低，而淮南由于是对吴作战的前线，城池坚固，兵精粮足，都督此地的将领权力较大，具备与司马氏对抗的能力。因此先后发生了三次从淮南起兵反抗司马氏统治的叛乱，史称"淮南三叛"。

（二）"司马昭之心，路人皆知"为什么会成为野心家的代名词？

答：在司马昭之前，凌驾于皇帝之上独断专行的权臣已经有很多，但被当作傀儡的皇帝大多懦弱无能，或敢怒不敢言，权臣则往往在表面上恪守一定的君臣之道。但司马昭专政期间，魏帝曹髦不能接受为傀儡，发出了讨伐司马昭的呼声，并且亲自率兵从宫中杀出，而司马昭的宠臣贾充竟公然指使人将皇帝当场弑杀。如此种种都是历史上的头一遭，中国社会传统的君臣之道遭到了严重的践踏和摧毁，司马昭在历史上留下了抹不去的骂名。这句由曹髦亲口说的"司马昭之心，路人皆知"就成了野心家的代名词。

（三）你如何评价"竹林七贤"的处世态度？

答：本题是开放性题目，没有标准答案。对"竹林七贤"的评价可以从多个角度来看，他们选择逃避时局，清谈论道，既有潇洒浪漫的一面，也有消极避世的一面，小读者选择自己认同的观点自圆其说即可。

第六章 第三节 北伐的继承者

思考：

（一）如何评价孙权在三国时期的功与过？

答：孙权是三国时期杰出的政治家，他少年好学，跟随兄长征战，年仅 19 岁便接替孙策之位统领江东。在汉末群雄普遍存在"二世而衰"的背景下，孙权不仅巩固住了父兄打下来的基业，而且招贤纳士，励精图治，开疆拓土，让原本经济较为落后的江南之地气象一新，具有可以与北方政权相对抗的势力。孙权是首位在长江以南建国称帝的皇帝，东吴在他的治理下，社会经济得到长足的发展，开启了后来东晋、南朝的繁荣。孙权在前期能够大胆提拔才俊，任人唯贤，鲁肃、吕蒙、陆逊等人都是经由他的提拔而成为一代名将的。但孙权后期为政苛刻，多疑猜忌，导致东吴陷入严重的政治斗争，陆逊等正直的大臣被疏远，国家在内耗中走向衰落。

（二）为什么姜维和诸葛恪的北伐都以失败告终？

答：从三国国力的比较来看，魏国始终强于蜀吴两国，即便是魏国后期出现了司马氏夺权、"淮南三叛"等动荡，也没有改

変三国力量的比对。反而是吴蜀两国在连年用兵后都不可遏止地走向衰弱，姜维虽然继承诸葛亮的遗愿，不断北伐，但独木难支，败多胜少。诸葛恪更是在国内普遍反对的情况下强行北伐，急于求成，反而导致兵败身死。再加上两国后期君主都为昏庸无能之辈，北伐就更加渺茫无望了。

第六章 第四节 蜀汉的灭亡

思考：

（一）蜀汉拥有天险屏障，为什么很快就灭亡了？

答：蜀汉自建国以来就是三国中土地最狭、人口最少、国力薄弱的国家，诸葛亮、姜维能在此基础上以小博大，发起多次北伐攻势，已经十分难能可贵了。但长久的用兵无形中也消耗了蜀汉的国力，尤其到蜀汉晚期，后主刘禅宠信佞臣黄皓，迫使姜维避祸自保，蜀汉朝政荒废，民生凋敝，已经显露出亡国之相。纵使蜀汉拥有特殊的地理形势作为保护屏障，也无法挽救它被灭亡的结局。

（二）你如何评价后主刘禅？

答：《三国志》的作者陈寿对刘禅做出了比较公允的评价，

414

他认为刘禅只是一名平庸的君主，他的优劣完全在于不知如何用人，任用贤臣就是一位明君，宠信奸佞就成为了一名昏君。当然，这仅是一家之言。本题依旧是一个开放性的问题，读者可以根据自己的理解，结合史料分析，做出自己的评判。

第六章　第五节　三国归晋

思考：

（一）东吴走向灭亡的原因有哪些？

答：东吴自从孙权晚期开始，陷入层出不穷的政治斗争的旋涡中，国力不断衰败，再也无力组织起有力的北伐。孙皓即位后，又实行残暴的统治，滥杀大臣，追求享乐，倒行逆施，天怒人怨。随着陆抗的去世，东吴失去了最后一位独撑危局的统帅。而司马氏自吞蜀代魏，建立晋朝之后，朝政气象一新，对东吴的军事优势不断增加，又占据了长江上游的地利之便，灭吴而一统已经是大势所趋。

（二）三国"正统之辩"背后隐藏着怎样的规律？

答：对历史的争论与评价往往会带有其所处时代的烙印，总

体而言，如果是大一统王朝，且国都在北方，因为处境与曹魏相似，大抵都是奉曹魏为正统。如果是偏安南方的半壁江山，因为处境与蜀汉相似，大多会倾向于蜀汉。宋元之后，汉族政权频繁遭受北方少数民族的入侵，北伐中原、恢复汉人江山的民族情绪空前高涨，这也使得人们在情感上更加亲近与认同蜀汉，所以在《三国演义》等小说的渲染下，蜀汉正统在民间逐渐成为了主流。